JN411498

나를 찾아가는 21字의 여정

시와 그림 그리고 단상

나를 찾아가는 21字의 여정

시와 그림 그리고 단상

한자경 글, 그림

펴낸이 — 김신혁, 이숙
펴낸곳 — 서광사
출판등록일 — 1977. 6. 30.
출판등록번호 — 제 6-0017호

(413-832) 경기도 파주시 교하읍 문발리 534-1
Tel: (031)955-4331 / Fax: (031)955-4336
E-mail: phil6161@chol.com / http://www.seokwangsa.co.kr

제1판 제1쇄 펴낸날 · 2006년 12월 30일

ISBN 89-306-0217-7 93100

나를 찾아가는 21字의 여정

시와 그림 그리고 단상

한자경 글, 그림

서광사

우리가 만난 곳은 이 세계가 아닙니다. 그대의 눈동자 속 그 안에만 내가 있어 그대가 시선 돌리면 나는 사라지고 주인 잃은 음성만 남

침묵 속에 혼자 가는 길 어느 길 한 모퉁이 돌아서는 순간 마주친 그대 연꽃처럼 환한 미소 그 길 따라 다시 멀어지면 사라진 나 그대 그림자 되어 빈손으

빛도 소리도 없이 시작도 끝도 없이 누가 일으킨 숨결 스치고 지나가는 바람 되어 나의 영혼을 깨워 놓았는가? 나를 찾게 하였는가? ………

가기까지 흩어진 마음 갈 곳을 몰라 그대 향해 내민 ………

기억은 깊어만 간다 인생 먼지 갈 곳을 잃고 바람에 날리며 허공 속 방랑하는 먼지 덩어리 몰아치던 바람 멎고 날리던 먼지 흩어져 드러난 텅 빈 허공……

지은이의 말

중학생 때 날 좋아하던 한 친구가 당시 자주 내게 편지를 전해줬는데 어느 날 갑자기 교회에 나가더니 편지에 예수님에 대한 사랑을 적어 보냈다. 그걸 읽는 순간 나는 그 애는 더 이상 나를 좋아하는 것이 아니라고 느꼈다. 인간이 과연 신을 질투해도 되는 것일까? 이 풀리지 않는 물음이 어느 날은 불꽃이 되고 어느 날은 재가 되고, 어느 날은 가시가 되고 어느 날은 상처가 되면서 나의 내면을 들끓게 했다.

인간과 신, 유한과 무한 사이, 애증이 교차된 갈등으로부터 내 마음 안에 저 오래된 화두 '나는 누구인가?' 의 물음이 생겨난 것인지도 모른다. 그 답을 찾아가는 방황의 날들. 그러면서 언제부터인가 나는 흔들리지 않는 확신으로 인간이 인간 이상이라는 것, 인간이 신이라는 것, 즉 '내 안의 신' 을 믿게 되었다.

그렇다고 내가 곧 신이라는 말은 아니다. 내가 내 안에서 확인할 수 있는 것은 내 안에 있어야 할 신이 나를 떠나갔다는 사실뿐이다. 남겨진 빈자리가 아픔으로 메워지면, 그 때 비로소 그렇게 떠나간 자가 내 밖의 신이 아니라 바로 나 자신이라는 것을 발견한다. 남겨진 나는 내가 아니고 단지 떠나간 나에 대한 그리움 덩어리일 뿐이다. 내가 나를 떠나고 그래서 내가 나를 찾아야 하는 유령들의 숨바꼭질 같은 인생.

그 인생길에서 되찾아야 할 나, 내 안의 신, 그런데 그 신은 나와 너, 나와 세계의 분별을 넘어선 존재가 아닌가? 우리는 결국 하나가 아닌가? 이렇게 해서 나는 '인간이 곧 신' 이라는 '인내천(人乃天)' 이 '타인을 신처럼 섬기라' 는 '사인여천(事人如天)' 을 뜻함을 알게 되었다. '내 밖의 신' (기독교)과 '내 안의 신' (불교)의 갈등이 결국 '우리 안의 신', '우리의 신' 의 형태로 정리된 것은 내가 동학의 후예이기 때문일까? 그리고는 인간 사이의 신의 임재, 천국의 도래 그리고 지상 위의 불국토 실현이 모두 같은 이념임을 상기하게 되었다.

'우리의 신' 에 대한 소망은 지상 위의 우리의 삶, 우리의 사랑, 우리의 고통을 긍정하고픈 열망 때문일 것이다. 우리가 이토록 영겁을 두고 윤회하는 것은 우리 안에 못 다한 사랑, 평생을 다해도 아직 못 다한 사랑이 남아 있기 때문일 것이다. 줄어들지 않는 이 사랑이 과연 신에의 사랑과 다른 것일까? 그대와의 하나 됨이 신과의 하나 됨과 과연 다른 것일까? 이 사랑을 긍정하는 것이 진정 불교에 대한 반역일까? 신과의 하나 됨을 꿈꾸는 것이 정말 신성에 대한 모독일까?

이 물음들은 누구나의 가슴속에 자리 잡고서 때로는 삶을 아름

답고 따뜻하게 만들기도 하고 또 때로는 삶을 절망과 갈등투성이로 만들어놓기도 하는 그런 물음일 것이다. 내게도 그렇게 남아 있던 이 물음들이 이 글을 쓰게 한 것 같다. 다만 이 물음들을 분석하고 그 답을 논증하기보다는 그냥 느껴지는 대로 생각나는 대로 써내려갔다. 그러면서 생각들이 뒤범벅되는 혼동을 피하기 위해 일렬로 정리하고 각 단계마다 제목을 붙여보았는데, 그것이 21자로 간추려졌다. 출발지점에서 목적지를 향해 한 발자국씩 걸어 나가듯 그렇게 나를 찾아 앞으로 나아가는 각 단계를 21개의 단계로 나열하고, 그 각각을 한 글자로 대변해본 것이다. 21은 3곱하기 7이다. 3편씩 묶어 한 단락으로 보면, 한 단락 마칠 때마다 숨 한번 돌리고 그 다음 단락으로 나아갈 수 있을 것 같다. 그렇게 해서 여기 그려진 나를 찾아가는 고민들의 여정이 삶의 여정처럼 한 길로 이어지는 것처럼 보인다면 다행이겠다.

그런데 그 사색의 여정을 왜 굳이 이런 방식으로 표현하였는가?

인간 영혼을 사로잡고서 운명처럼 따라다니는 물음, '나는 누구인가?' 의 물음, 그 답을 알기 전까지 그 누구도 진정 행복하다고 말할 수 없을 것 같은 그 물음에 대한 사색을 이제까지와는 아주 다른 방식으로 표현해보고 싶은 생각이 들었기 때문이다. 어쩌면 우리는 모두 같은 것을 묻고 같은 것을 생각하고 같은 것을 원하며 살고 있는지도 모른다. 내가 오래도록 물어 온 '나는 누구인가?' 의 물음은 결국 내게 다가오는 당신, 내가 사랑하는 당신을 향해 '당신은 누구십니까?' 를 묻고 있는 물음인지도 모른다. 내가 나를 발견하는 것은 우리 안의 하나를 발견하는 것과 맞물려 있는지도 모른다. 더 이상 홀로 개념에 싸여 외로워할 필요가 없는지도 모른다는 생각이 들었다. 그러자 철학적 논변방식보다 좀더 간단하고 쉬운 전달방식을 찾아보고 싶은 충동이 생겼다. 그러나 시나 소설, 그림이나 음악은 내가 아는 길, 내가 갈 수 있는 길이 아니다. 언제나 그 길은 예술적 천재나 가는 길이라고 생각하며 나 같은 범인은 감히 범접하기 힘든 것으로 여겨왔다. 시인도 못되고 화가도 못되는 나. 그래서 내가 나를 몰고 간 철학의 길. 문득 그 길이 형극의 길처럼 느껴지면서 억눌렸던 절규가 터져 나오는 것인지도 모르겠다. 그러니 이 것은 시도 아니고 그림도 아닐 것이다. 그저 더듬거리면서 무작정 밖으로 기어나가고자 했지만, 그래도 아직 철학 안에서 뒹굴고 있는 것인지도 모른다.

분명 하고 싶은 말은 있었다. 그러나 하고 싶은 말의 내용보다 그 말을 어떻게 전달해야 하는가의 표현방식에 더 많은 고민을 하기는 이번이 처음인 것 같다. 철학적 물음, 철학적 고민, 철학적 사색을 과연 이런 식으로 표현해도 되는 것일까? 개념적 논증의 틀을 벗어나 감성적인 단어들을 사용하고 비유적 표현도 허용하며 그림까지 덧붙여보는 것, 이런 것들이 과연 우리의 의사소통에 도움이 될까?

시 답지 않은 시와 그림 같지 않은 그림만으로는 내 마음에 담긴 생각이 제대로 다 표현되지 않았을 것 같아 사족처럼 각 글자마다 단상을 달아보았다. 그리고 또 두 편의 글을 덧붙였다. 그것들 역시 나름대로 철학적 논문이 아닌 방식으로 표현해보고자 노력하였지만, 그러나 그것 또한 문학적 글쓰기라고 하기에는 부족할 것이다. 이 별 볼일 없는 것을 부끄러운 줄도 모르고 지인들에게 좀 봐달라고 들이밀기도 했는데, 그럴 때 참을성 있게 봐주면서 성의 있는 조언을 해주었던 사람들에게 감사한다. 그럼에도 좀 더 아름다운 시어, 좀 더 부드러운 운율, 좀 더 함축적인 이미지, 좀 더 부드러운 문장을 떠올릴 수 없음은 결국 나의 한계일 것이다. 그 한계를 알면서도 이런 형식의 책을 내놓으려 하니 이전보다 한층 더 짙은 아쉬움과 부끄러움이 밀려온다. 이 막막한 우주공간 안에 내가 만들어 놓을 부끄러움의 파장, 그것을 누가 감지할까?

2006 년 가을

한자경

목차

우리가 만난 곳은 ....

이 세계가 아닙니다 ....

그대의 눈동자 속 ....

그 안에만 내가 있어 ....

그대가 시선 돌리면 ....

나는 사라지고 ....

주인 잃은 음성만 남아 ....

허공을 칩니다 ....

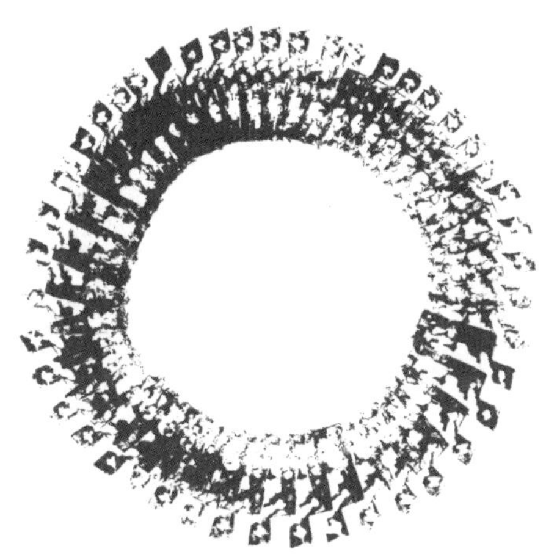

分 _분

빛도 소리도 없이
시작도 끝도 없이
누가 일으킨 숨결
스치고 지나가는 바람 되어

나의 영혼을 깨워 놓았는가?
나를 찾게 하였는가?
그대의 침묵 속에
혼자 가는 길

어린아이는 순진하다. 너와 나의 분별이 크지 않고, 내 것과 네 것의 계산에도 익숙하지 않다. 옆의 아이가 웃으면 그냥 따라서 웃고, 옆의 아이가 울면 그냥 따라서 울 정도이다. 어쩌면 아이들 주위에는 그들을 하나로 묶고 하나로 호흡하게 하는 기(氣)의 흐름이 아이들의 순수함 때문에 더 강력하게 작용하는 것인지도 모른다. 어쩌면 그것이 친구와도 자연과도 전 우주와도 한 마음으로 소통할 수 있게 하는 원시적 힘을 발휘하는지도 모른다. 그리고 바로 그에 대한 기억이 전 인류로 하여금 대동(大同)사회에 대한 향수를 불러일으키는지도 모른다.

대개는 누구나 그렇게 철없는 어린 시절을 보내다가 사춘기가 되면서부터 서서히 그 흐름 밖으로 빠져나올 것이다. 언제부터인지, 무엇 때문인지 알 수 없지만, 이 지구상에 내가 홀로 서있다는 느낌, 아무도 나의 삶을 대신해주지 못하고, 나의 느낌과 생각은 나를 포위한 나만의 성(城)이며 나는 그 성 안에 밀폐되어 있다는 그런

감정에 휩싸이게 된다. 누가 내 마음의 소리를 들을 수 있고, 그 소리에 응답할 수 있겠는가? 나조차도 알 수 없는데. 무엇을 향해 어디로 나아가며, 무엇을 묻고 무슨 대답을 들어야 하는지, 나조차도 알 수 없는데 말이다.

이처럼 성장한다는 것은 결국 전체로부터 나를 분리시켜놓는 그 자기의식에 눈뜬다는 것을 의미한다. 너와 내가 다르다는 것, 너와 내가 멀리 있다는 것, 슬픈 운명처럼 다가오는 그 소외를 맘 속 깊이 감지한다는 것을 의미한다.

緣 _연

어느 길 한 모퉁이
돌아서는 순간
마주친 그대
연꽃처럼 환한 미소

그 길 따라
다시 멀어지면
사라진 나
그대 그림자 되어

생겨난 것은 사라지고 모인 것은 흩어지는 것이 세상 이치다. 그 변화의 원리에 따라 우리들은 어느 한 지점에 머물러 있지 못하고 끊임없이 이동해간다. 이동해가는 발자국 따라 길이 생기고, 결국 그 길이 각자가 살아가는 인생의 길이 된다. 그 길 위에서 일어나는 옷깃의 스침, 몸의 부딪침, 시선의 마주침, 영혼의 만남, 그 모든 것이 인연이다. 살아간다는 것은 인연을 따라 사는 것이며 또 인연을 만들어가며 사는 것이다.

그 인연을 따라 길은 길로 이어지는데, 길은 때로는 탄탄대로이기도 하고 때로는 골목길이기도 하며 또 때로는 비탈길이기도 하다. 그러면서 이 길과 저 길이 만나 하나가 되기도 하고 교차하기도 하고 또는 병행하기도 하고 스쳐 지나가기도 한다. 그러한 인생길들이 수없이 펼쳐지면서 그들은 결국 서로 간의 연을 따라 모두 하나로 엮어질 것이다. 그래서 이곳의 작은 나비 한 마리의 날개짓이 지구 저편에 태풍을 몰고 올 수도 있다. 인연의 엮임이 잘 짜

놓은 그물망처럼 지구 전체를 하나로 묶고 있는 것이다.

하나로 연결된 그 인연의 끈을 따라 우리의 마음은 이리로 끌려가기도 하고 저리로 쏠려가기도 하며, 이것에 매이기도 하고 저것에 집착하기도 한다. 그리하여 마음은 이리 저리 분산되고 흩어져 본인조차 그 행방을 종잡을 수 없게 된다. 길이 평탄하면 즐거워 춤을 추다가, 길이 어긋나면 무너져 내리는 마음으로 울부짖기도 한다.

인연은 우리에게 만남을 선사하는 듯하지만 곧 헤어짐을 준비하고, 기쁨을 알려주는 듯하지만 곧 슬픔을 가르쳐준다. 이 모든 것이 길 위에서 인연을 따라 이루어진다. 그래서 소외보다 더 힘든 것이 인연이다. 밀폐된 성 안도 아닌 툭 터진 길 위에서 너를 향해 조여 오는 인연의 끈을 어찌 피할 수 있겠는가?

苦 _고

빈손으로 왔다가
빈손으로 가기까지
흩어진 마음
갈 곳을 몰라

그대 향해
내민 손
바람이 불고
새가 운다

아무리 다가서도
그대는 저 멀리 있고
아무리 멀어져도
기억은 깊어만 간다

아이들이 왕따를 두려워하는 것은 소속감이 없어지면 불안이 느껴지기 때문일 것이다. 사회적 위치와 역할을 강조하는 어른들의 세계도 마찬가지이다. 우리는 홀로서기를 두려워하며, 서로 기대고 뭉쳐서 얽히고설켜야만 삶이 유지될 수 있다고 생각한다. 그래서 끊임없이 '인간은 사회적 동물이다', '사람은 혼자 사는 것이 아니다' 라고 말하며 '사람사이' 로서의 인간됨을 강조한다.

그렇다고 사회적 역할 안에서 진정한 자기정체성을 확인하며 자기만족에 이르는 것도 아니다. 내심은 늘 복잡한 인간관계에 대한 혐오 속에서 '군중 속의 고독' 을 실감하며 '무소의 뿔처럼 혼자서 가라' 를 주문처럼 되뇌이고 있을 뿐이다.

그래서 인생은 괴롭다. 자신이 진정 무엇을 갈구하는지, 자신의 인생길이 무엇을 향해 나아가는지를 알지 못하기에 괴롭다. 인간이 취해야 할 가치가 개체적 자율성인지, 전체적 조화인지, 알지 못하기에, 양 길이 갈라서는 매 지점마다 갈등을 느끼고 분열을 의식해야 하는 것이 괴롭다. 우리는 뿌리로 살아남기 위해서는 더 깊은 어둠을 파고들어야 하지만, 꽃으로 피어나기 위해서는 빛을 향해 뻗어나가며 뿌리의 기억을 지워야만 한다.

이러한 분열과 갈등이 개체의 피할 수 없는 운명인가? 그래서인지 진지한 철학은 언제나 모든 개체에 있어 동시적으로 작용하는 대립되는 두 힘을 논한다. 척력과 인력, 빛과 어두움, + 와 -, 양과 음, 불과 물, 확산의 힘과 응축의 힘, 신(神/伸)과 귀(鬼/歸), 이런 대립적 두 힘이 그것이다. 생명이란 그러한 대립 사이에서 팽팽한 긴장으로 유지되는 힘일 것이다. 그 긴장이 깨어지는 순간, 어느 한쪽으로 치우쳐 기체로 증발하거나 고체로 굳어버린 것은 더 이상 생명이 아니다. 그렇다면 내향과 외향, 어둠과 밝음, 개체성과 사회성은 인간을 인간으로 유지시키는 대립하는 두 세력이며, 그 두 세력간의 긴장과 갈등 그리고 그로 인한 고통은 인간으로 살아있는 한 벗어날 수 없는 운명인지도 모른다.

04

風 _풍

인생은 바람
춤추는 미풍으로
꽃잎 날리고
성난 광풍으로
천지 흔들며

바람 속 그 어디에
내가 있던가?
상흔으로 남겨진
돌비석 하나

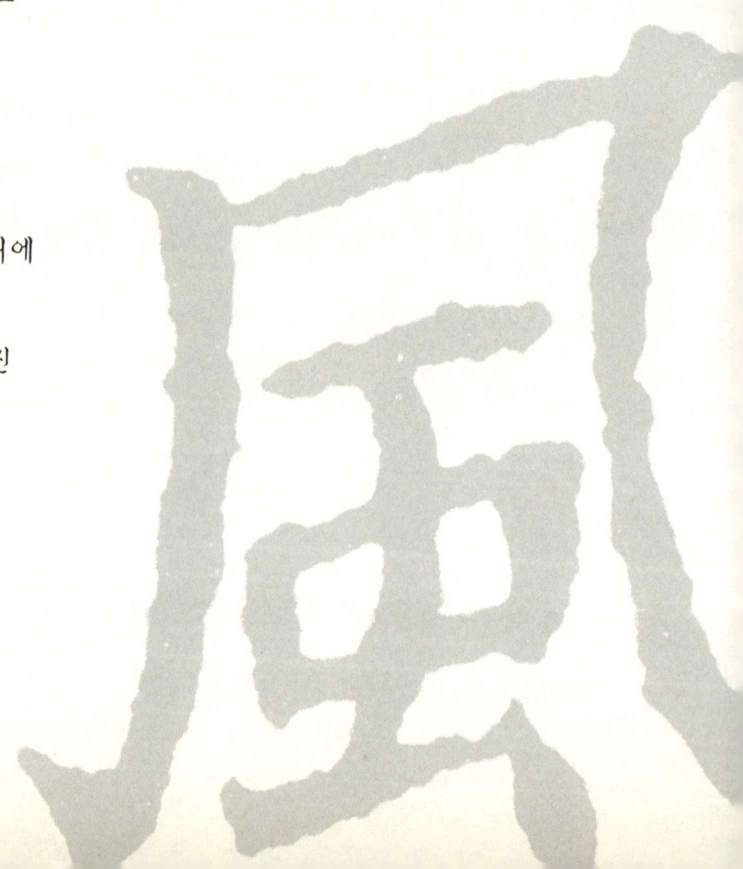

엄마, 나는 왜 나가서 뛰어 놀면 안 되고 집에서 공부를 해야 돼? 시험공부를 해야 하니까. 왜? 그래야 성적이 잘 나오지. 그래서? 그래야 좋은 고등학교를 가지. 그럼 그 때 놀아? 아니, 더 열심히 공부해서 좋은 대학에 가야지. 그리고는? 열심히 노력해서 좋은 데 취직해야지. 그래서? 돈을 많이 벌어야지. 왜? 그래야 결혼도 하고 애도 낳고 집도 사고. 그 다음은? 돈을 많이 모아서 다시 애들 공부시키고. 그리고는? 계속 열심히 일하고 돈 모아서 노후를 대비해야지. 왜? 그래야 곱게 늙지. 그래서? 그래야 편히 죽지.

아, 시작과 끝이 뻔한 이 인생길. 눈앞에 경쟁이 벌어질 때는 죽기 살기로 매달려 한판 승부를 겨루지만, 그러다가 한 모퉁이 돌아설 때면 그 헛됨에 저마다 한숨짓고 마는 것이 우리의 인생 아닌가. 나는 지금 어디까지 밀려와 떨고 있는가?

바람이 정지하지 못하고 끊임없이 앞으로 불어나가다가 어딘지 모를 지점에서 자취 없이 사라져 버리듯이, 우리의 무한한 욕망과 끝없는 경쟁도 결국은 무덤 앞에서나 멈출 것이다. 욕망의 끝, 경쟁의 끝, 언젠가 그 궁극지점에 도달해서 자족하여 인생을 음미할 수 있을 거라고 생각하는 그 지점이 바로 삶이 끝나는 그 자리, 나의 무덤자리가 된다면, 이 치열한 경쟁과 투쟁이 결국 무엇을 위한 것이란 말인가? 어디인지 알지도 못할 곳에서부터 불어와 때론 미풍으로 때론 태풍으로 마음을 흔들어 놓고 지친 몸을 날려 결국 무덤 앞에 쓰러뜨리고 마는 바람. 인생은 그런 것인가?

05

塵 _진

무한한 시간
광활한 공간 속
나는
허공을 부유하는
한 점 먼지

한 점으로 머무름이
작고 초라해
뭉치고 뭉쳐도
여전히 먼지

갈 곳을 잃고
바람에 날리며
허공 속 방랑하는
먼지 덩어리

인간 개인이 자신을, 자신의 삶을 초라하게 느끼기 시작하면, 그 때부터 인류 전체를 싸잡아 비하하는 인간의 자조적 외침이 널리 울려 퍼지기 시작한다. '인간은 본래 아무것도 아니다'. 얼마나 많은 우수한 두뇌들이 인간을 무기물질의 화학반응물, 박테리아의 진화물, 원숭이의 돌연변이로 증명하기 위해 머리를 짜내고 있으며, 또 얼마나 많은 평범한 두뇌들이 그것을 믿고 배우고 따라 외우고 있는가? 인간이 자연적 진화의 산물이고 사회적 문화의 소산이라는 것, 내 생각이 사회에 떠도는 관념에 의해 지배되고 내 의지가 세대를 되물려온 문화인자에 의해 규정된다는 것, 내 느낌이 내분비의 호르몬에 의해 결정되고, 호르몬은 다시 생리적 유전자에 의해 결정된다는 것, 이런 것들이 얼마나 자연스럽게 우리의 상식이 되어가고 있는가?

이제 더 이상 인간 존재는 수수께끼가 아니다. 신이 창조한 사랑의 피조물도 아니고, 신성이 내재하는 영적 존재도 아니고, 무시이

래로 있어 온 불생불멸의 존재는 더욱더 아니다. 인간 안에 내재된 무한의 숨결, 절대에의 예감과 동경은 잊혀지고 오로지 그 유한성만이 주장될 때, 인간은 그야말로 작은 하나의 점, 하나의 먼지로 화하고 만다. 그래서 정말 죽어 있다면 절대 할 수 없었을 말, '주체는 죽었다' 는 말을 하고 다닌다. 정말 먼지 하나라면 절대 가질 수 없었을 '허공을 떠다니는 먼지의 의식' 을 지닌 채, 그렇게 자신을 먼지로 알고 살아간다. 혈연과 지연 그리고 학연으로 엉겨 붙는 우리의 삶은 먼지 하나로 허공을 떠다니는 어지러움을 잊고자 하는 자기최면의 노력일 것이다. 그래서 뭉치고 뭉쳐 큰 먼지덩이를 만들어 함께 휩쓸리고 휘날린다. 초인이 발붙일 수 없는 난쟁이들의 왕국, 난쟁이들의 축제 아닌가? 한

空 _공

몰아치던 바람 멎고
날리던 먼지 흩어져
드러난 텅 빈 허공에
죽음처럼 드리운 정적

그 고요가 그리움 되어
말없이 산으로 간다
정지된 시간을 찾아
나를 찾아

안팎의 분열 사라질 때
세계를 가르던 경계선
나마저 함께 사라진다면
그럼 나는 누구인가?

그대를 떠남이 나를 떠남이고
나를 부름이 그대를 부름이라면
텅 빈 허공 속
내가 찾는 자 누구인가?

소나무 향내 그윽한 깊은 산 중턱, 깎아 세운 듯한 바위가 있고 그 곁에 고요한 암자가 하나 있다면, 누구나 이 번잡한 도심을 벗어나 거기 머무르고 싶다는 유혹을 느끼게 될 것이다. 해가 지고 무수한 별빛 아래 밤의 정적까지 찾아든다면, 한낮의 세속이 가물거리듯 멀어지며 화나는 마음 탐하는 마음 모두 가라앉고 내면에는 오로지 평화, 깊은 평안만이 남겨질 것 같은 그런 가슴 벅참이 느껴질 것이다.

그런데 그 암자에는 텔레비전도 오디오도 아무 것도 없다고 상상해보자. 신문도 오지 않고 편지도 전해지지 않고, 핸드폰도 없고 인터넷도 없다. 읽을 책도 없고 사색을 써내려 갈 펜도 종이도 없고, 찾아오는 애인도 없고 함께 대화할 친구도 없다. 오로지 자연 속의 나, 홀로 던져진 나일 뿐이다. 나는 과연 무엇을 할까? 과연 며칠 밤 며칠 낮을 그 짙은 고독을 즐기며 견뎌낼 수 있을까?

고요한 적막 속에서 나를 찾고자 마음을 채우는 온갖 마음내용들을 덜어낸다면, 감각과 느낌 그리고 생각을 모두 덜어낸다면, 나는 과연 무엇을 나로 직면하게 될까? 그대의 눈빛, 스치는 감촉, 다정한 목소리, 그대와 함께 마시던 차의 향기와 맛, 이 모든 5감을 지운다면, 그리고 그대와 얽힌 추억, 상념, 기대, 기다림, 이 모든 의식의 내용도 다 지운다면, 내게 무엇이 나로 남겨질까?

감각과 사념에 물든 마음내용들을 모두 덜어낸다면, 내가 직면하게 되는 것은 결국 비어있는 마음일 것이다. 그렇다면 그 비어있음, 그 공(空)이 바로 나란 말인가? 비어있음에 스며드는 아픔, 그 자리에 밀려오는 존재의 서글픔, 그것이 바로 나인가? 한

幻 _환

세간 떠나온 빈 마음으로
이 세상 삶 뒤돌아보면
분주히 날뛰는 우리의 삶
무대 위 펼쳐지는 한 편의 연극

귀천의 차 지대하고
애정의 폭 절실하지만
그 차는 의상에서 오고
그 폭은 연기에서 오는 것

누가 쓴 인생의 각본인가?
누가 정한 각자의 배역인가?
의상 갈아입고, 가면 바꾸면
내가 곧 그대가 되는데

연기 끝나고 무대 막 내려
의상 벗고, 가면 던지면
잡히지 않는 몸 보이지 않는 얼굴
나는 누구인가?

누구나 그렇듯 나 역시 여러 관계들의 소산이다. 출생부터가 엄마 아빠의 결혼과 사랑에서 비롯된 것이다. 그리고 그 이후의 삶 또한 관계들로 이어진다. 관계 안에서 살아간다는 것은 그 안의 역할을 해낸다는 것을 뜻한다. 한 가정의 딸로 살아가자면 자식으로서 부모님 말씀을 따라야 하고, 학교에 다니자면 학생으로서 공부를 해야 하고, 직장을 갖고 나서는 선생의 역할, 동료의 역할을 해야 하고, 결혼하고는 아내의 역할, 엄마의 역할을 해야 한다.

그런데 그 중 어느 단계에서인가 우리는 불현듯 내면과 외면의 분리와 대립 그리고 갈등을 겪게 된다. 남들이 아는 나, 남들과의 관계에서 외적으로 부과되는 역할, 이런 것들이 내면의 나 자신과는 아무 상관이 없는 것처럼 여겨지며, 역할을 하고 있는 나는 나 자신이 아니라 단지 나의 가면, 페르조나(persona, 인격)일 뿐이라는 그런 느낌을 갖게 된다. 관계 안에서 자기 역할을 해낸다는 것은 배우가 무대 위에서 가면을 쓰고 주어진 배역을 연기하는 것과 마찬가지라는 생각이 드는 것이다. 그러면 무대 위에서 발생하는 모든 것으로부터 한 걸음 물러서게 된다.

그러다가 문득 다른 사람들 역시 나와 마찬가지로 무대 위에서는 가면을 쓰고 역을 다하지만 무대를 내려오면 고개를 돌리고 가면을 벗으리라는 것, 우리는 저마다 무대 밖에서 애타게 자신을 찾아 헤매면서도 무대 위에서는 그 슬픔을 비밀처럼 감추고 그냥 웃고 지낸다는 것을 감지하게 된다. 그 때 알 수 없는 비애가 몰려온다.

왜 우리는 자신의 슬픔을 감추고 사는가? 극이 끝날 때마다 무대 밖으로 내려와 수없이 의상과 가면을 벗었어도 사실은 아직 한번도 자신의 알몸과 맨 얼굴을 들여다 본 적이 없다는 사실, 자신의 무대 위 삶에 대해 그것이 누가 쓴 각본이고, 누가 정한 배역인지를 아직 한 번도 들어본 적이 없다는 사실, 그 사실이 너무도 기가 막히기 때문이다. 한

夢 _몽

미망의 잠 깨어나 보면
인생은 한밤의 깊은 꿈

인간은 색의 세계를
박쥐는 소리의 세계를
지렁이는 촉감의 세계를
각각 자기세계를 그릴 뿐

우리가 웃고 우는 이 세계는
마음속에 피고 지는 환상의 꽃

환화를 꽃피우는 마술사
나는 과연 누구인가?

우리가 보는 시각세계는 우리 눈의 망막에 그려진 시각상들이 투사된 세계이다. 시각상은 다양한 색깔의 반점과 얼룩들일 뿐이다. 우리는 그 얼룩들로부터 선과 면, 크기와 모양을 만들어내고, 앞과 뒤, 좌와 우를 구분하여 우리가 그 안에 들어 있는 하나의 공간세계를 구성해낸다. 얼룩을 그런 방식으로 읽어내는 우리의 의식이 없다면, 세계는 그런 방식으로 존재하지 않을 것이다. 결국 우리가 보는 세계는 우리가 만든 세계인 것이다.

나는 가끔 시각이 없는 박쥐에게 세계는 어떤 것일까 상상해본다. 그러나 박쥐가 사는 공간세계는 박쥐의 청각이 그려내는 세계일 것이며, 그것은 우리의 시각세계와는 전적으로 다른 박쥐만의 세계일 것이기에 상상이 부질없을 것이다. 그런데도 나는 또 가끔 시각도 청각도 없는 지렁이의 세계, 그 촉각세계도 상상해본다. 실제적 몸의 접촉을 통해 구체적 느낌으로 확인되는 촉각의 세계. 그러나 그 세계는 눈과 귀의 총명으로 세계를 알고자 하는 우리 인간에게는 이미 잊혀지고 멀어진 세계일 것이다. 심한 통증이나 강한 쾌락이 아니라면 우리는 자신의 몸에 대해 이미 무감각해져 있기 때문이다. 각 존재가 갖는 아우라의 감응, 기(氣)의 교감도 이미 잊혀진 그 촉각의 세계에 속했을 것이다. 감춰진 욕망, 에로스의 근원도 거기 속해있을 것이다.

그러나 어느 경우이든 각 존재가 가지는 세계는 그 각각의 존재가 만들어내는 세계이다. 각 존재의 감각기관과 그것들을 종합하는 총괄적 의식에 대해서만 그에 상응하는 대상세계가 있을 수 있기 때문이다. 그러므로 인간이 경험하는 세계 또한 인간의 감각기관과 인지능력, 한마디로 인간의 의식을 떠나 따로 존재하는 것이 아니다. 의식을 떠나 따로 존재하지 않는 세계를 우리는 꿈, 밤에 꾸는 꿈이라고 칭한다. 낮에 보고 듣고 느끼는 세계 역시 의식을 떠나 따로 존재하지 않는 세계, 꿈인 것이다. 마음이 그린 환영인 것이다. 한

09

心 _심

무대 너머로 비상하고
깊은 밤 꿈에서 깨어나
마주한 빈 공간 속
나는 어디에 있는가?

성색도 향기도 사라지고
느낌도 생각도 정지한 곳
그 빈 허공은 누가 보는가?
그 큰 고요는 누가 아는가?

절대 고요의 허공
허공과 하나 된 마음
비어있는 공
비어있는 마음

내가 너의 꿈을 꿀 때, 나는 꿈속에서도 나를 나로, 너를 너로 알아본다. 그래서 네가 좋아 좇아가기도 하고, 싫어서 피하기도 한다. 그런데 꿈 깨어 생각해보면 꿈속의 나뿐만 아니라 꿈속의 너 또한 내 꿈이 그린 사람이다. 꿈꾸는 나의 의식은 꿈꾸어진 나와 너를 포괄하는 의식인데, 꿈속에서 나는 그것을 모르고 그 중 일부만을 나로 여기고 나머지 일부를 너로 그리면서 한 편의 이야기를 만들어 낸다. 그러다가 꿈 깨고 나면 너와 나의 이야기가 꿈이었음을, 꿈꾸는 의식, 마음이 만든 이야기였음을 알게 된다.

깨어있을 때의 의식도 이와 마찬가지이다. 깨어있을 때의 나의 의식도 분명 그 자체 나와 너, 나와 세계를 포괄하는 전체의식인데, 내가 그 전체의식을 나로 간주하지 않고 그 중 일부만을 나로 여기고 일부를 너로 여기면서 그렇게 분별하여 각각을 별개의 것으로 설정하는 것이다. 이렇듯 꿈을 꾸든 깨어 있든 분별적 자기의식의 근저에는 존재 전체를 포괄하는 하나의 의식, 하나의 마음, 일심(一

心)이 살아 숨쉬고 있다. 이 하나의 마음, 전체의식이 바로 내가 찾던 내가 아닌가?

마치 꿈속 이야기가 너무 충격적이 되면 화들짝 놀란 나머지 꿈속의 내가 꿈을 꾸는 의식으로 비약하며 꿈에서 깨어나 버리듯이, 깨어서 삶의 이야기를 좇아가던 일상의 의식도 그 이야기의 무게가 너무 무거워 압박을 견딜 수 없게 되면, 홀연 각성하여 이야기 속 나를 벗어나 이야기하는 나로, 전체의식의 나, 한 마음의 나로 깨어나게 된다.

그러나 주객 전체를 포괄하는 깨어있는 마음은 그때 비로소 깨어나는 것이 아니라 본래 처음부터 그렇게 깨어있던 마음이다. 이야기 전체를 만들어내는 마음이 깨어서 작용하고 있어야, 그 마음이 그리는 이야기 세계가 전개될 수 있기 때문이다. 너와 나의 분별은 그 큰 마음이 그린 전체 세계 안에서 일어나는 부분적인 분별일 뿐이다. 한

惑 _혹

홀연 잠 깨어 뒤돌아보면
연기 세간은 환으로 바뀌고
꿈 깬 나를 찾아다녀도
세간 속 어디에도 나는 없다

세계는 꿈에 핀 가상의 꽃
업이 그린 홀로그램 우주

잠깨어 꿈 벗은 이 마음 또한
꿈에서 꿈 깬 꿈 속 환영이라면?

꿈꾸는 내가 꿈속의 나와는 구분되듯이, 깨어있어 세계 전체를 의식하는 나는 그 세계 속의 일부로 의식된 나와는 구분된다. 세계 속의 나는 이야기 전개에 따라 시공간적으로 제한된 나, 신체와 결부된 나, 고락의 감정으로 채색된 일상의 나이지만, 세계 전체를 의식하는 나는 그러한 일상의 의식을 넘어선 나, 세계의 경계 너머로 나아간 '초월적 자아', 경계에서 '세계를 보는 눈'이다.

일상의 이야기를 좇아가며 꿈꾸다가 홀연히 잠 깨어 인생이 꿈임을 안다는 것은 곧 내가 나 자신을 세계 속 일부인 신체적인 경험적 자아로만 여기다가 문득 각성하여 내가 본래 초월적 자아였음을 자각하는 것을 의미한다. 그러나 꿈을 깨는 순간 각성한 의식이 꿈의 모든 내용을 탈각한 것이듯이, 초월적 자아 또한 인생의 모든 이야기를 벗어난 하나의 시선, 치우침 없이 세계 전체를 바라보는 하나의 눈일 뿐이다.

문제는 분별적 의식과 신체적 경험에 익숙해진 우리에게 분별을 넘어선 전체 그리고 경험을 넘어선 초월은 너무 낯설다는 것이다. 초월적 자아는 보여진 세계 속의 경험적 자아처럼 그렇게 구체적이지도 생동적이지도 않다. 그것은 보이지도 들리지도 만져지지도 않는다. 경험적 자아는 시공간 안에 둥지를 틀고 끓는 피의 정열을 안고 살아가는 나이다. 욕망의 물결을 따라 살과 살이 맞닿는 경계에서 부딪치고 끌어안고 밀치고 비틀거리면서 살아가는 나이다. 그 나를 바라보는 초월적 자아, 그것은 이미 피의 열기가 식어버리고 삶의 온기가 빠져나간 유령과도 같은 존재가 아닌가?

이처럼 초월적 자아의 시선은 삶의 의미를 부정하는 허무주의자의 시선처럼, 삶 너머 죽음으로부터 종말을 일깨우는 시선처럼, 그렇게 외롭게 찾아든다. 그러면 우리는 의혹에 차서 묻게 된다. 일상세계가 마음이 그린 환상이라면, 초월적 자아는 그 환상 중의 환상 아닌가? 인생이 꿈이라면, 초월적 자아는 꿈속의 꿈, 꿈속의 잠꼬대가 아닌가?

迷 _미

등 뒤로 사라지는 나의 흔적 없음
날으는 새의 보이지 않는 족적을 따라
그렇게 한 막을 넘고
또 한 생을 건너는데

태초는 영겁으로 후회하고
종말은 무한으로 이어진다
시작도 끝도 없는 미로
무엇을 찾아 헤매는가?

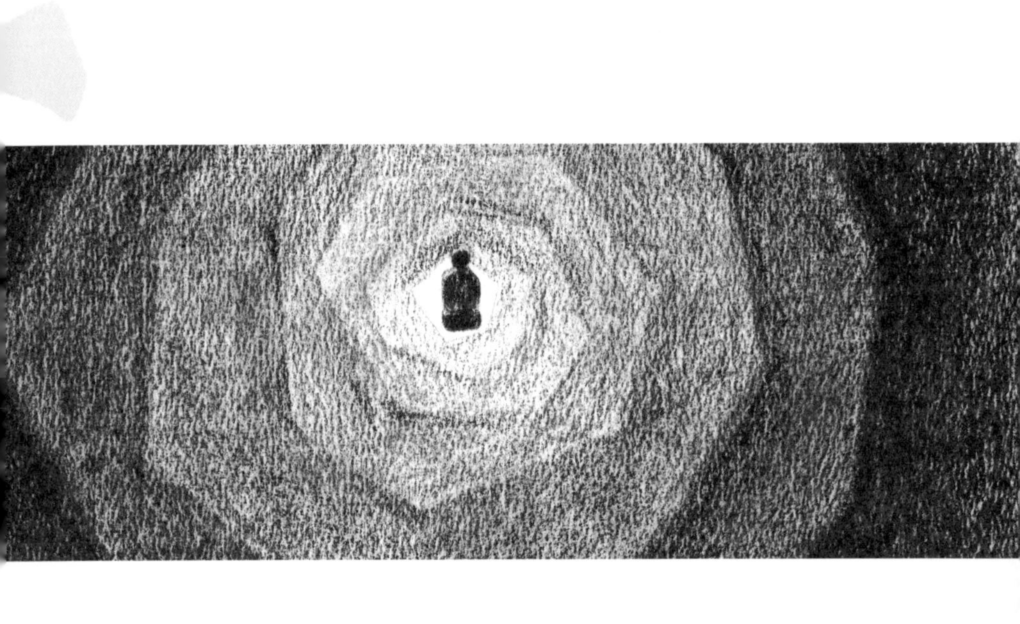

세계를 보는 눈이 눈 자신을 볼 수 있는가? 다른 것을 다 베는 칼이 칼 자신을 벨 수 없듯, 일체를 보는 눈은 눈 자신을 볼 수 없는 것 아닐까? 눈은 눈을 볼 수 없고, 나는 나를 알 수 없는 것 아닐까?

나의 일상의식은 세계로 향해있다. 이제 보여진 세계가 아니라 세계를 보는 나를 포착하자면, 나는 세계로부터 시선을 돌려 세계를 보는 나 자신에 주목해야 한다. 세계 아닌 나 자신을 의식에 붙잡아야 한다. 그러나 그렇게 의식된 내가 바로 나인가? 시선을 돌려 나를 붙잡고 보면 그렇게 붙잡힌 나는 이전 순간 세계를 보던 나일 뿐, 바로 그 순간 나를 보는 그 나가 아니다. 보는 나는 보여지기 전에 이미 한 발 뒤로 물러나고, 나는 단지 한 순간 이전의 나만을 보고 있을 뿐이다. 나는 계속해서 나 자신으로부터 달아나고 마는 것이다. 그래서 보는 나는 보여지지 않는다. 나는 나를 볼 수가 없다. 나는 현재 순간의 나를 붙잡을 수가 없는 것이다.

아, 이 한 순간의 달아남, 한 순간의 물러남이 결국 무한한 영겁의 생으로 이어지게 되지 않는가? 나는 누구인가? 내 몸을 있게 한 나의 부모, 그 부모를 있게 한 그 부모의 부모, 다시 그 부모의 부모의 부모… 오늘의 나를 규정하는 것이 어제의 나라면, 그 어제의 나는 다시 그 전날에 의해 규정되고, 그 전날은 다시 그 전날에 의해… 이처럼 나를 찾는 과정이 시간을 따라 무한히 후퇴하면, 나는 그 속에서 나를 잃어버리고 만다. 무한소급하고 마는 것이다.

눈이 눈을 보지 못하는 한, 눈은 세계에 비친 눈일 뿐이지 않는가? 세계는 눈에 의해 보여진 세계이고, 눈은 세계로부터의 추상이 아닌가? 눈이 없다면 보여진 세계도 없고, 세계가 없다면 그것을 보는 눈도 없지 않겠는가? 이렇게 해서 눈과 세계, 형이상과 형이하는 뫼비우스의 띠처럼 서로 얽히게 되며, 보이지 않는 눈인 초월적 자아에 대한 의혹은 끝없이 이어지는 미로로 빠지고 만다. 어떻게 그 미로를 벗어날 수 있겠는가? 한

知 _지

무한후퇴하여 잡히지 않는 나
어둠 속에 자취 없이 묻혀버린 나
그 무한의 심연에서
번쩍 눈을 뜨는 순간

하늘과 땅, 그대와 나를
마술처럼 그려내는
생명의 파장
허공 속으로 흡수되고

그 안에 깨어나는
마음의 자각
공적의 신령한 자각
공적영지空寂靈知

철학과를 선택하려 할 즈음 누군가 내게 말했다. 온 인류가 수천 년을 두고 물어온 물음, 그러나 아직도 그 답을 알 수 없는 물음, 네가 다시 묻는다고 해서 그 답이 찾아지겠는가? 인간이 인간 자신을 알 수 있겠는가? 다가가면 언제나 한 발 먼저 후퇴하여 어둠 속에 사라져버리는 나, 그 나를 내가 어떻게 알 수 있겠는가?

인간이 인간을 알 수 없는 것이라고 생각할 때, 우리는 막연하게 인간 아닌 신만이 인간을 알 수 있을 것이라고 생각한다. 나를 나 자신보다 더 잘 알고 있는 신! 그래서 우리는 그 신을 사랑하게 된다. 인간은 인간 자신을 모른다. 그러나 신은 인간을 안다!

그러나 내가 나를 모른다는 결핍의 의식이 나를 아는 지혜로부터가 아니라면 어떻게 가능하겠는가? 나를 아는 지혜의 입김으로부터 일깨워지지 않는다면, 어떻게 결핍의 의식과 무지의 자각이 생겨날 수 있겠는가? 나를 아는 지혜가 내게 없다면 무명의 자각이 어찌 가능하고, 해원을 향한 향수의 손짓, 그 그리움이 어찌 가능하겠는가? 그러니 무지의 자각이 내 마음 가장 깊은 곳에서 일어난다면, 지혜 또한 바로 그 자리에 감추어져 있어야 한다. 그래서 마음 전체가 지혜로 밝아지기까지 우리 마음은 그리움을 안고 그리로 나아가는 것이 아니겠는가?

그렇다면 나에 대한 물음 그리고 신에의 사랑은 결국 잃어버린 나, 잊혀진 나에 대한 그리움 이외의 다른 것이 아니다. 내가 사랑하는 신은 결국 내가 알고자 하는 나 자신이다. 내 신체 밖에서, 분별된 세계 밖에서 세계를 보는 눈, 그 초월적 자아의 시선은 결국 나를 일깨우는 나 자신의 시선이다. 우리가 늘 자신을 몸의 경계에 갇힌 경험적 자아로만 여기기에, 일체 경계 너머에서 세계 전체를 바라보는 영원의 시선을 타자의 시선, 신의 시선으로 여기지만, 그것은 곧 자신 내면의 초월적 자아의 시선을 외화(外化)한 것에 지나지 않는다. 우리는 이미 영원의 시선이 간직한 무분별 지혜의 영지(靈知) 속에 살고 있는 것이다. 한

觀 _관

분별의 의식보다 더 깊이
욕망의 의지보다 더 깊이

마음 심층에서 우주 표층으로
존재를 잉태하는 생명의 꿈틀거림
우주를 출렁이게 하는 숨결의 파장

현상을 낳는 존재의 근원
우주적 일심에 이르고자
마음으로 일체를 관한다

몸의 미동을 알아차리고
숨의 흐름을 관하는 건
마음으로 마음을 찾는 것

몸을 관하고 우주를 관해
능소能所가 멸한
일심으로 간다

우리는 눈을 떠서 세계의 모습을 보고 귀를 열어 세상의 소리를 듣지만, 그렇게 보는 눈과 듣는 귀를 의식하는 경우는 드물다. 온몸으로 세계와 접촉하여 손에 만져지고 몸에 닿는 것을 느끼지만, 그렇게 접촉하고 느끼는 몸 자체를 자각하는 경우는 거의 없다. 보이고 들리고 느껴지는 세계가 그렇게 보고 듣고 느끼는 감관을 따라 그에 상응하여 만들어진 세계인데도, 우리는 감각의 대상세계만 의식할 뿐 그 감각기관인 자신의 몸은 의식하지 못한다.

이처럼 나 자신이 내게 감각으로 포착되지 않기에, 나는 나를 알기 위해 나에 대해 생각하기 시작한다. 그러나 이 경우도 나는 생각을 따라 만들어진 나, 생각된 대상인 나만 알게 되지 그렇게 생각하고 있는 나를 직접적으로 의식하지 못한다. 그렇다면 만들어진 대상이 아닌 주체 자체를 직접 의식하고 자각하는 길은 없는가?

주체를 직접 자각하기는 힘들다. 그렇다고 만들어진 대상을 보고 추리하여 주체를 설정하는 것은 의미가 없다. 남겨진 길은 만드는 과정을 의식하는 것이다. 나와 세계가 부딪치는 순간, 세계가 만들어지는 순간, 내 몸 안에서 무슨 일이 일어나는가를 감지하는 것이다. 땅을 디디며 발의 감각을, 숨을 쉬며 기도와 폐와 복부의 열기를, 생각할 때의 두뇌 진동을, 그리움이 몰아칠 때의 심장 고동을 직접 느끼는 것이다. 이 느낌을 생생하게 알아채기 위해서는 3인칭적으로 객관화된 언어는 불필요하고 불충분하다. 오히려 개념적 사유를 멈추고 내적 미동이 있는 곳, 변화의 기미가 있는 곳에 의식을 집중하여 그 변화를 직접 알아채야한다. 이것이 관(觀)이다.

그렇다면 무엇을 왜 관찰하는 것인가? 우리가 내적으로 관찰하는 것은 몸 안을 흐르는 기운인 기(氣)이다. 내 몸으로부터 우주 끝까지 퍼져있고 하나로 연결되어 있는 미세한 진동, 기의 흐름을 관찰하는 것이다. 관찰의 목적은 기를 관찰함으로써 기를 주재하는 심층의 마음을 각성시키기 위해서다. 기를 따라 우주 끝까지 펴져 있는 심층의 나, 우주적 마음, 일심을 일깨우기 위해서다. 한

禪 _선

상相 너머 성性
무심의 심 얻고자
화두 일 구에 매달려
백척간두 진일보한다

나를 매단 화두
관념의 끈일 뿐이기에
손을 놓는 순간
허공에 내던져지고

바닥없는 심연으로의
끝없는 추락
무한을 통과해야 하는
유한의 현기증

'자아는 없다' 라는 무아(無我)와 공(空)의 주장에는 철학의 비애가 있고 자아의 역설이 있다. 영혼의 핵이 비어있다는 것, 자아가 없다는 것, 그것을 단지 논리적으로 추론하여 아는 것은 진정으로 아는 것이 아니다. 영혼의 상 너머 그 핵이 비어있다는 것을 진정으로 알려면, 그 영혼 자체가 상 너머로 나아가서 그 순간 자신이 비어있다는 것, 자신이 무(無)라는 것을 직접 확인하여야 한다. 그러나 진정 존재하지 않는다면, 자신이 존재하지 않음을 어떻게 확인할 수 있단 말인가? 영혼의 상 너머로 나아가는 것은 영혼의 잠, 죽음으로 나아가는 것이다. 그래서 소크라테스는 철학을 '죽음의 연습' 이라고 했다. 자신의 공성을 확인하는 것, 그 아픔을 견디는 것, 그 철학의 고통은 양초날개를 달고 태양을 향해 날아가는 이카루스의 마지막 소멸의 순간으로 집약된다. 이카루스 날개의 마지막 한 점이 녹아내리는 순간, 그 죽음의 순간, 이카루스에게 무슨 일이 벌어질 것인가?

일체의 영상과 개념이 모두 마음이 만든 허상임을 알게 될 때, 두

가지 길이 가능할 것이다. 마음이 만든 가상세계에 몰입하는 길과 가상세계를 빠져나와 그런 세계를 만드는 마음 자체를 직면하는 길이 그것이다. 선(禪)은 가상이 아닌 실재, 상이 아닌 성을 깨닫기 위해 그 두 번째 길을 간다. 그것은 마음에서 그 마음을 채우는 일체의 의식내용들, 감각과 느낌, 개념과 생각들을 덜어내고 거기 남겨질 빈 마음, 순수 의식을 찾아가는 길이다. 그러나 일상의 의식은 대상을 없앨 경우 함께 사라지고 만다. 공기 없는 촛불처럼 의식내용 없는 의식은 잠들고 만다. 산란과 혼침을 동시에 넘어서기 위해 선에서는 화두를 든다. 마음이 오롯이 하나를 의식하며 깨어있기 위해 붙잡고 있는 마지막 마음내용인 화두. 그러나 그 화두에 매달려 있는 한, 깨달음은 오지 않는다. 마지막 영상, 미지막 개념, 화누마저 내던지는 순간, 마지막 공기를 마시고 촛불이 꺼지는 순간, 이카루스 날개의 마지막 한 점이 소멸하는 순간, 그 백척간두 진일보의 순간이 깨달음의 순간이다. 스스로 공(空)이 되는 순간이다.

悟 _오

경계의 파열
바다없는 심연
그 무한의 허공이
나 아닌가?

유정 각각의 한 마음 안에
응축하고 폭발하는 존재의 힘
우주 빅뱅을 반복하며
무한으로 발산하는 빛

비어 있어 고요하되
어둡지 않은
절대 공적의 영지
빛으로 깨어나는 나

마음에서 마지막 영상이 지워지는 순간, 그것을 자막에 상을 그리던 영사기의 마지막 필름이 돌아가는 순간으로 비유해보자. 필름이 끝나고 영화가 끝나서 자막 위의 영상이 사라진다면 그 자리에 무엇이 남는가? 마음에서 마음내용이 다 지워지고 나면 무엇이 남는가?

극장에서 필름이 다 돌아가도 영사기의 빛을 끄지 않으면, 우리는 잠시 순수한 빛, 색으로 반사되지 않은 채 자막을 가득 채우는 눈부신 빛을 보게 된다. 빛은 현상세계를 만들어내는 색의 근원이며, 우리가 보는 세계의 색은 분산된 빛의 반사이다. 빛이 분산되고 반사된다는 것은 분열과 분별, 파열과 찢어짐이다. '색은 빛의 행위이고 고통이다'라는 괴테의 말은 세계는 고통이라는 말이다. 우리는 세계 속에서 빛을 보지 않고 색을 본다.

그렇다면 색의 세계를 만드는 빛은 어디에서 발하는 빛인가? 색은 빛이 발산되어 드러난 결과물, 빛의 산물이다. 그러므로 빛의 발산이 있는 곳에만 색이 있고, 색을 보는 자에게만 빛이 있다. 빛이 반사되어 색으로 돌아오므로, 그 돌아온 색을 보는 바로 그 자리에서 빛이 발산되고 있는 것이다. 결국 빛은 색을 보는 눈에 있는 것이다. 그러므로 눈빛 이외의 모든 빛은 다 비유이고, 태양빛은 단지 그 눈이 보는 색에 지나지 않는다. 내가 보는 세계의 색은 결국 나의 눈이 발하는 빛의 반사이다. 나는 세계의 색을 보면서 실은 빛을 보고 있는 것이다. 결국 나 자신을 보고 있는 것이다.

마음의 빛, 눈의 빛이 색으로, 영상으로, 세계로 화하는 끊임없는 분열과 파열의 고통은 마음 깊이 파고들어 드러나지 않는다. 그 고통이 잠들고 잊혀지면 우리는 그 고통을 때론 신에게, 때론 우주물질에게 넘기기도 한다. 오직 고통을 감내하여 마음 심층의 눈부신 빛을 자기 자신으로 확인한 자만이 '그것이 바로 너이니라'(우파니샤드)를 알게 되며, '내 마음이 곧 네 마음'(최제우)이고 '신의 시선이 곧 나의 시선'(에크하르트)이라는 것을 알게 된다. 그것이 바로 영지의 증득(證得), 일심의 자각이며 견성(見性)이다. 한

回 _회

무한의 심연으로 빠져든 것은
무한의 밝음으로 되돌아 온다
빛과 어둠이 하나 되고
있음과 없음 경계 사라져

우리가 소망하는 것은
하나가 전체이고
전체가 하나인
무분별 환희

보여진 세계로부터 세계를 보는 눈으로, 현상세계의 색으로부터 그 근원인 빛으로 나아가는 것은 순수 의식, 공적영지, 무한의 일심으로 나아가는 것이다. 그 자리에 서면 우주 전체를 포괄하는 무한의 일심이 왜 무수한 개체로 화하는지, 신의 눈이 왜 무수한 각자의 눈으로 깨어나는지, 일(一)이 왜 다(多)가 되는지를 보게 된다.

일자는 자기 발견의 환희를 위해 자신 안에 경계를 긋고 안과 밖을 만든다. 경계를 따라 형성된 자아가 다시 그 경계를 넘어 자신을 일자로 발견하는 그 순간의 환희를 위해서이다. 경계는 넘어서고 극복되기 위해 그어질 뿐이다. 경계 안에 머물러 있는 한, 자아는 안팎의 분리와 자타의 갈등에서 오는 고통을 느끼겠지만, 그 고통 또한 초월과 합일의 동경과 그리움의 표현이다. 어느 누구도 경계 안에 머무르기 보다 경계 너머로 나아가고자 한다. 이점에서 존재하는 것은 모두 다 초월과 합일의 환희를 꿈꾸는 쾌락주의자이다. 주어진 경계를 넘어서는 자타합일의 기쁨을 지향하는 것이다. 물론

한 순간 초월의 기쁨을 느낀 후, 다시 그 다음 순간의 삶, 그 다음 순간의 기쁨을 위해 또 다른 경계를 긋게 되지만, 그래서 삶은 끊임없는 경계 지움과 경계 넘어섬, 고와 락의 반복이지만, 이 또한 일자에서 비롯되는 환희의 예시일 뿐이다. 우리는 작은 기쁨을 통해 큰 기쁨을 예감한다. 일체의 경계가 소멸하는 순간, 자아가 더 이상 개별 자아가 아니고 무한한 공으로 화하는 순간, 그 순간의 절대 환희를 예감하는 것이다. 이처럼 일자는 자기발견의 환희를 위해 스스로 경계를 그어 개체화한다. 그 환희를 무한히 반복하기 위해 무한한 수의 순간을, 무한한 수의 개체를 형성한다.

이렇게 우리는 일체의 경계를 넘어 초월적 자아로서 하나 되기를 지향한다. 하나가 된다는 것은 본래의 하나를 회복한다는 것이다. 무수한 경험적 자아가 초월을 꿈꾸는 것은 초월적 자아 안에서 하나(한)의 우리(울), 한울을 확인하고 싶어서이다. 현상의 개체 각각의 마음 심층에 자리한 한울님, 하느님과 하나 되고자 함이다. 한

明 _명

오색으로 채색된
휘황한 세계 속에

분열 이전의 나
순수의 빛을 찾아

마주한 두 거울
서로를 좇아 도달한
무한의 심연에서

하나로 융합된 빛
서로를 비추는 빛

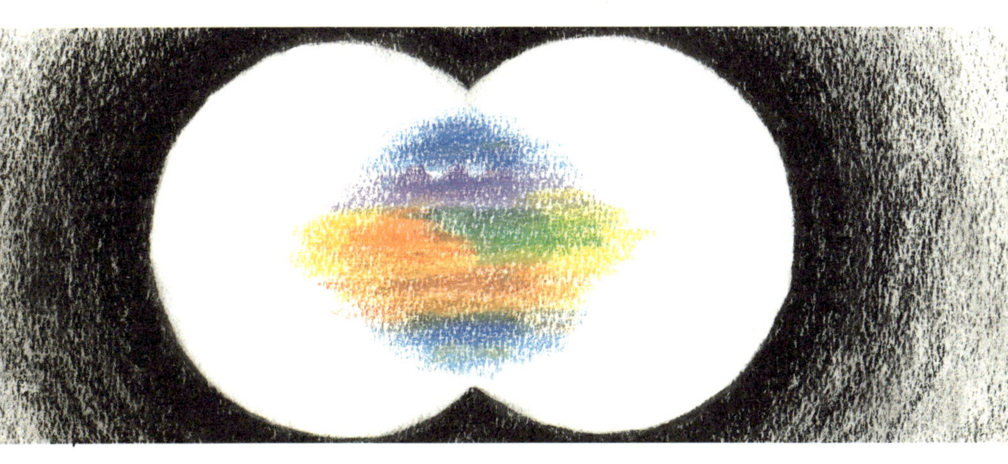

동양의 수묵화가 갖는 의미에 대해 들은 적이 있다. 동양회화의 생명은 형사(形似)이기보다는 전신(傳神)이다. 드러난 모습인 상(相)보다는 그 이면의 본질인 성(性)을 표현하고자 하는 것이다. 나무 한 그루를 그려도 지금 그 나무가 어떤 모습, 어떤 색으로 보이는가만을 그리는 것이 아니라, 사시사철 모든 변화의 모습, 모든 변화의 색을 다 담아내고자 하는 것이다. 가시적인 상은 시간에 따라 바뀐다. 내면적인 비가시적 성은 일체의 변화 가능성, 모든 변화 가능한 색을 다 포함하고 있다. 모든 색깔을 다 더한 색, 검은 색, 그래서 수묵화는 채색하지 않고 검은 묵색으로만 그린다는 것이다. 검은색은 무채색, 색깔이 없는 색이면서도 모든 색깔을 다 담고 있는 색이다. 봄에 피어나는 연두색부터 여름의 작열하는 붉은색을 거쳐 가을 추억의 노란색 그리고 겨울의 스러져가는 짙은 갈색에 이르기까지 그 모든 생멸하는 고통의 색을 다 담고 있다.

인간에게 있어 인생의 4계절을 따라 변화하는 상들은 어떤 것인가? 인간에게 있어 외모나 집안, 재산이나 능력 등은 모두 그 인간 자체와는 구분되는 그의 속성들일 뿐이다. 그것은 시간을 따라 바뀌고 변화하고 사라지는 것으로서, 성 아닌 상일뿐이다. 수묵화가 생멸하는 다양한 색깔의 영상들 너머 무색의 성을 발견하고자 하는 것은 인간에게 있어 인간의 다양한 속성들 너머 인간 자체를 직시하고자 하는 것과 같다.

상 너머 성을 발견하고자 하는 것, 인간의 속성 너머 인간 자체를 직시하고자 하는 것, 그것은 마치 거울을 대면하여 그 거울에 그려진 온갖 형형색색의 영상을 바라보는 것이 아니라, 그 영상들 너머 거울 자체를 직관하려고 하는 것과 같다. 만일 거울 둘이 서로 마주본다면, 그들은 그 둘 사이의 상이 아니라, 서로를 바라보려 하지 않겠는가? 그 때 서로는 서로를 비추면서 그 빛의 밝음을 더할 것이다. 한

妙 _묘

그대와 나 마주친 시선
눈빛 따라 무한으로 가면

내가 그대를 보는 시선
그대가 나를 보는 시선
구분되지 않는 하나
환희로 빛나는 하나

시간이 정지된 순간
별들이 숨을 죽이고
지구가 회전을 멈춘다

순간에서 영원으로
영원에서 순간으로

나는 다소간의 물기를 머금은 채 맑게 반짝거리는 빛을 바라보기를 아주 좋아한다. 호수나 강의 수면이 태양빛에 반사되어 눈부시게 반짝거릴 때, 아스팔트 길 위에 남아있는 빗물이 햇빛을 받아 반짝거릴 때, 쏟아져 내리는 눈송이가 가로등 불빛에 반짝거릴 때, 나는 반쯤 정신을 잃고 그 빛의 반짝거림에 취해 눈을 뗄 수가 없다.

그런데 그 모든 반짝거림 중에서 나의 마음을 가장 강렬하게 사로잡는 것은 인간의 눈, 인간의 시선 안에 타오르는 영혼의 반짝거림이다. 색의 세계가 사라진 자리에 남겨지는 빛, 영혼으로부터 발산되는 순수 의식의 빛, 눈빛이 그것이다. 눈빛, 시선, 시선의 마주침, 그런 것들은 내게 말로 다할 수 없는 신비감을 안겨준다.

가면 너머의 실재라고 내가 확인할 수 있는 것은 산 자의 눈이 발하는 눈빛뿐이다. 타인의 눈빛을 바라봄으로써만 나는 이 세상 모든 것이 단지 내게 보여지는 허구의 현상이 아니라 그 이상이라는 것을 직감하게 된다. 눈빛만이 내가 본 색의 세계 속에 색 아닌 빛이 있음을, 나에 의해 대상화될 수 없는 존재가 있음을 일깨워준다. 사실은 타인의 시선을 통해 비로소 나는 나 자신이 색이 아니라 빛이라는 것, 색의 현상세계에 속하는 것이 아니라 세계를 바라보는 눈이라는 것, 내가 눈이고 빛이라는 것을 깨닫게 된다. 타오르는 불이 불을 옮기듯, 바라보는 눈빛은 다른 눈빛을 점화한다. 나를 바라보는 시선을 통해서만 나는 나의 시선을 의식하게 되며 정신으로 살아나게 된다. 바로 그 순간 나는 모든 살아있는 생명체, 우주 전체가 빛의 존재임을 느끼게 된다.

눈빛은 다른 눈빛을 끌어당기는 힘이 있고, 또 서로를 동화시키는 힘이 있다. 눈빛에 담긴 미소는 그것을 바라보는 눈을 미소짓게 하고, 시선 속의 행복은 그것을 바라보는 눈을 행복하게 만들며, 눈빛에 서린 슬픔은 그것을 바라보는 눈에게 슬픔을 전파한다. 그렇게 우주 전체에 생명을 부여하고 색을 부여하는 것이 바로 눈의 빛, 눈빛이다. 한

愛 _애

그대의 이름 부르고
그 대답을 듣기까지
그대 눈동자 바라보며
그 안에서 나를 찾기까지

시간이 멈춰선 순간
나는 영원의 사랑을 한다

그대와 나의 경계 너머에서
삼차원 공간 너머에서
시작도 끝도 없는
영원의 사랑을 한다

허령불매의 신(神), 우주적 일심 이외에 다른 어떤 분별도 없는 세계, 그래서 명암의 구분도 없고, 고락의 동요도 없는 세계. 그런데 그곳에 안팎을 나누는 경계가 만들어지면서 나와 너의 경계, 개체가 형성되고 가시적 세계가 만들어진다. 신이 자기발견의 환희를 반복하기 위해 무수한 개체로 화하는 것이다. 신의 자기발견은 인간이 자신의 공성을 자각하여 일체의 경계를 넘어섬으로써 완성된다. 그러므로 인간의 신에의 사랑은 신의 자기사랑의 일부이다. 개체들 간의 사랑, 개체들 간의 경계 넘어서기, 에로스 역시 신과의 합일의 느낌, 그 환희의 예시이고 상징이다. 그래서 종교와 성, 성(聖)과 성(性)은 내적으로 서로 상통하는 바가 있으며, 성적 욕망 안에는 단순한 생리적 욕구분출이 아닌 영적인 그리움이 드리워져 있는 것이다. 그래서 영원을 살고픈 사람, 하나를 꿈꾸는 사람, 그들은 서로 사랑을 한다. 일상의 시간 속에서 사랑이 집착이 되고 집착이 업이 되어 육도윤회의 고통을 반복해도 끝내 사랑을 한다.

경계를 통해 개체가 형성되는데, 그 경계에서 발생하는 최초의 감각은 촉각이다. 그리고 경계를 넘고자 하는 그리움의 원천은 경계너머를 바라보는 시선, 시각이다. 그래서 하나 되기를 지향하는 사랑도 시각적 사랑과 촉각적 사랑으로 구분해볼 수 있다. 시각의 사랑은 서로의 경계 너머에서 하나 되기를 지향하며, 촉각의 사랑은 경계에서의 접촉을 통해 하나 되기를 지향한다. 시각적 사랑은 경계 너머에서의 하나 됨을 기쁨으로 관조하는 식물적 사랑, 정신적 사랑, 금욕적 사랑인데 반해, 촉각적 사랑은 경계의 접촉에서 발생하는 촉감의 고락에 웃고 우는 동물적 사랑, 육체적 사랑, 쾌락적 사랑이다. 대개의 사랑은 시각으로 시작해서 촉각으로 끝난다. 식물이 태양빛을 받아 광합성 작용하여 맺어놓은 열매를 동물이 먹어치우듯, 눈빛을 따라 축적된 정신적 사랑의 힘을 소모시키는 것은 육체적인 촉각의 사랑이다. 정신의 사랑이 육체의 향락으로 소모되는 순간, 새로운 사랑을 위한 또 다른 생명체가 탄생하게 된다. 한

慈 _자

하나가 전체되어
일심이 흩어져 날리면
마음은 몸의 피를 타고
사랑은 고통이 된다

사랑의 번뇌로 업 짓는 중생
업력 따라 육도윤회하고
중생 구제로 자비에 찬 보살
원력 따라 되돌아온다

이 땅 위에 운명처럼
다시 만나는 중생과 보살

중생 사랑의 궁극 아픔도
그대를 두고 떠날 수 없음이니
번뇌로 물든 사랑의 핵
그것은 결국 자비 아닌가!

욕망은 개체형성의 욕망이며 그 욕망은 그렇게 형성된 개체의 의식보다 더 깊다. 깊이 감추어져 의식에 드러나지 않음으로써만 욕망은 욕망으로서의 작용력을 가진다. 마치 나무뿌리가 땅 밑에 감추어져 있기에 살아서 작용할 수 있는 것처럼, 욕망은 의식의 시선으로부터 감추어져 있기에 의식을 규정하는 힘을 가진다. 그러한 일상의 표층의식보다 더 깊이 파고들어 개체형성의 욕망을 그 뿌리에서 직관하는 것은 지혜이다. 욕망의 힘과 개체경계의 형성과정을 직관하는 지혜의 시선은 마치 땅을 파헤쳐 나무뿌리를 드러내 비추는 햇빛과도 같다. 햇빛이 뿌리의 전모를 비추면, 결국 뿌리가 메마르게 되어 더 이상 작용력을 갖지 못하게 되듯, 지혜가 욕망의 뿌리를 밝게 비추면 뿌리가 드러난 욕망은 그 힘을 상실하게 된다. 지혜는 욕망을 멸하고 일체의 경계를 넘어 해탈에 이르게 하는 힘이다.

반면 보살의 자비는 지혜가 욕망의 뿌리를 밝게 비추어도 그 뿌리가 메말라 죽지 않게 하는 힘, 그래서 생을 버리지 않게 하는 힘이다. 욕망의 근원을 통찰하여 경계 지어진 개체의 공성을 자각하여도 그럼에도 불구하고 모든 개체의 삶의 뿌리를 메마르지 않게 하는 힘, 그 힘이 바로 자비의 힘인 것이다. 그러므로 보살은 지혜로 인해 경계의 허구성, 자아의 공성을 자각하고, 인생이 꿈이고 연극임을 깨달아도, 자비로 인해 꿈과 연극 속의 중생을 두고 떠나지 못한다. 그런데 그것은 일반 중생이 사랑 때문에 세간 속의 가족과 친구, 이웃과 동포를 두고 떠나지 못하는 것과 과연 무엇이 다르겠는가?

결국 보살의 자비와 선남선녀의 사랑은 근본에 있어 동일하다. 보살을 세간 속에 살게 하는 힘은 타인을 구원하려는 원력이고, 중생을 세간 속에 살게 하는 힘은 서로 사랑하려는 업력이지만, 그 둘은 결국 하나로 이어져 있다. 중생의 사랑에 있어서도 그 핵심은 보살의 마음, 자비의 원력인 것이다. 그래서 우리는 중생심이 곧 보살심이고, 중생이 곧 부처라는 것을 안다. 생멸문이 곧 진여문이고, 생사가 곧 열반이라는 그 불이(不二)의 진실을 안다. 한

願 _원

일체 중생 생명의 고통
우주 파동으로 번져나가는
하나 됨의 축제
환희의 노래

영원이 깃든 순간
영지가 빛나는 순간

그대 눈빛 속에서
그대와 하나 되어
춤추는 나!

하나가 일체를 자신 안에 포괄할 수 있으려면, 그 일자는 바닥없는 심연이어야 한다. 바닥없는 심연, 끝없는 무한, 공이여야 자신 안에 일체를 포괄할 수 있는 것이다. 눈동자가 아름다운 것은 그것이 우주 끝 저 멀리 있는 별빛까지 담아낼 수 있게끔 그렇게 바닥없는 깊은 심연이기 때문이다. 일심이 그렇게 바닥없는 심연의 공(空)이면서 진여(眞如)이고 신(神)인 것은 그것이 모든 경계를 초월한 것이기 때문이다. 경계를 통해 성립하는 유와 무, 자와 타, 선과 악, 고와 락의 분별을 넘어선 것이기 때문이다.

그렇게 분별을 넘어 일체를 포괄하는 것이기에, 그것은 다시 분별된 일체 안에 포함되어 그 핵으로 빛나고 있다. 일중다(一中多)이고 다중일(多中一)이며, 일즉다(一卽多)이고 다즉일(多卽一)이다. 우리가 바라보는 무한, 그것은 결국 우리 자신 안의 무한이며, 모든 존재 안의 무한이다. 응축된 우주에너지의 빅뱅은 무한한 일자가 무수한 다로 화하는 순간, 무한한 심연의 눈빛이 빛을 발산하여 우주 전체가 색으로 피어나는 그 순간의 상징이다. 그렇게 피어나는 색의 세계에서 모든 개체는 그 안에 신성이 깃든 영원한 존재이다. 각 개체의 몸은 신성을 감싼 보석이고, 몸 안에 흐르는 피는 신의 열기로 타오르는 축복이며, 각 개체의 삶은 그 자체 생명의 축제이어야 한다. 경계 안에서든 경계 너머에서든, 무대 위에서든 무대 밖에서든 삶의 모든 순간은 영원이 발화한 순간, 우주 진동이 함께 공명하는 순간, 기쁨과 환희의 순간이어야 한다. 이것이 우리 모두가 소망하는 바가 아니겠는가? 한

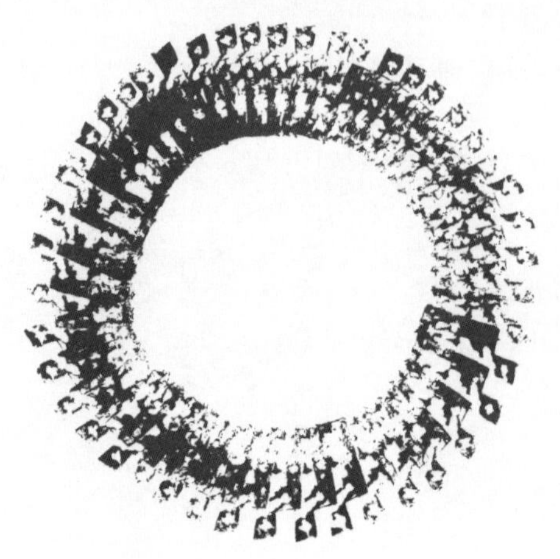

우리가 만난 곳은
이 세계가 아닙니다
그대의 눈동자 속
그 안에만 내가 있어
그대가 시선 돌리면
나는 사라지고
주인 잃은 음성만 남아
허공을 칩니다

공간과 시간 그리고 순간

1. 공간의 가상성

내가 보는 세계, 내게 보여지는 세계는 결국 내 눈이 보는 것이다. 눈을 감으면 세계는 보이지 않는다. 그러므로 보여진 세계 지각의 출발은 나의 눈의 망막에 그려진 상들일 수밖에 없다. 그러나 망막 위에 그려진 상이란 결국 무수한 점들, 다양한 색깔로 미세하게 구분되는 점과 점들이 뭉친 얼룩들일 뿐이다. 우리는 현대 기술로 만들어지는 아주 미세하게 작은 컴퓨터칩 안에 온갖 정보가 다 들어갈 수 있는 것에 감탄하지만, 아무리 커도 1cm²를 넘을 수 없을 망막표면 위에 이 넓게 펼쳐져 보이는 우주가 그 미세한 차이들을 잃지 않은 채 모두 그려질 수 있다는 것은 경이롭게 느끼지 못한다. 사진기술이 아무리 발달해도 넓은 풍경을 축소해서 찍으면 그만큼 세밀한 차이들은 사라지고 만다. 있는 그대로의 차이를 그대로 담아내기를 원한다면 거의 있는 그대로의 크기로 찍어야 할 것이다. 그런데 눈에 그려지는 상은 실제보다 1000분의 1, 10000분의 1로 축소한 것일텐데, 그리고 우리의 뇌가 다시 그것을 1000배, 10000배로 확대해서 보는 것일텐데, 그 사이에 바뀌는 것, 차이가 뭉게진 것은 별로 없다.

그런데 우리 망막 위에 그려진 상을 바깥 풍경의 사진 또는 재현으로 비유하는 것은 사실 정확한 표현이 아니다. 왜냐하면 우리

>1 이것이 바로 후설이 재현주의(표상주의)를 불필요한 "세계의 이중화"라고 비판한 요지이기도 하다. 내적 표상을 거쳐서 세계를 본다는 재현주의의 주장은 결국 세계를 "주관적인 내적 표상세계"와 "객관적인 외부 세계 자체"로 이중화한다는 것이다. 후설은 우리가 지각하는 것은 바로 외부세계 자체라고 보며, 이를 "의식의 지향성"으로 설명한다. 그런데 후설에서 중요한 것은 의식의 지향성은 바로 의식의 지향적 구성작용을 통해 성립한다는 것이다. 세계는 지향적 활동의 의식으로부터 독립적인 객관적 물 자체가 아니라, 의식의 지향적 구성물이라는 것이다. 의식의 지향적 구성작용의 최저 층을 후설은 의식의 지향적 시간구성으로 설명한다. 이 글 이하의 논의도 이런 문맥으로 이해할 수 있다. 다만 후설이 지향적 구성의 궁극 주체인 순간의 주체를 '익명의 주체'로 남겨놓은 것에 대해, 그 주체의 실재성과 생생함을 좀 더 부각시켰다고나 할까?

는 망막 위의 상과 상관없이 따로 존재하는 바깥 풍경과 그것의 재현으로서의 망막 위의 상을 이중적으로 보는 것이 아니기 때문이다.[1] 우리 각자가 보는 것은 자신의 망막 위의 상이며 동시에 바깥 풍경이다. 실제 바깥 풍경을 바라봄에 있어 그 둘은 구분되지 않는 하나이다. 그런데 망막 위의 상들은 2차원의 구면 위에 그려진 상인데, 우리가 보는 우주는 3차원 공간이 아닌가? 그런데도 그 둘이 하나라는 것은 결국 우리가 보는 3차원 공간의 우주는 각자가 자신의 망막 위의 점과 얼룩들을 3차원 공간으로 확장시켜서 봄으로써 비로소 얻어진다는 것을 말해준다. 감각자료들이 외부 세계 사물들의 속성으로 정리되면서 공간적 세계가 펼쳐지는 것이다. 망막 위의 점과 얼룩들이 어느 것은 1m밖의 것으로, 어느 것은 10m밖, 100m밖, 또 어느 것은 수억km밖의 것으로 퍼져나가면서 공간이 만들어지는 것이다.

이점에서 칸트가 공간을 인간의 외적 직관의 형식이라고 말한 것은 타당하다. 공간은 뉴턴이 주장하듯 외적 공간적 사물이 놓일 수 있는 터전으로, 비어있는 절대공간으로 인간 외부에 그 자체로 실재하는 것이 아니다. 망막에 그려지는 상들이 직관의 내용인 감각 내지 감각자료(감각질)라면, 그런 자료들을 공간적인 것으로

배치하는 방식은 직관의 형식이다. 그 직관형식이 바로 공간인 것이다. 즉 인간은 직관할 때, 자기 자신의 망막 위의 상을 평면적으로 보는 것이 아니라, 그것을 외적인 것으로 공간화시켜 공간적인 것으로 본다. 공간적 사물을 담고 있다고 생각되는 공간은 인간 스스로 직관내용을 정리하는 형식인 것이다. 그러므로 외적 직관이란 곧 감각내용을 공간화하는 작용이며 활동이다.

이렇게 보면 우리가 망막 위의 상의 원인이라고 생각하는 외부세계는 사실은 우리 각자가 자신의 망막 위의 상들을 바깥으로 외화하여 형성한 결과물일 뿐이다. 이처럼 외적으로 직관된 공간세계는 그렇게 직관하는 인간 심을 떠난 객관 실재가 아니기에 이를 '현상'이라고 한다. 우리는 일상적으로 외부 세계의 개별 사물들이 그 자체 실체로서 존재하고 우리는 단지 그것들의 속성을 감각자료에 따라 포착하는 것이라고 생각하지만, 사실 실체란 우리가 감각자료들을 포착할 때 그것들을 어떤 것 x의 속성이라고 외화시키면서 그러한 속성들의 담지자로 외부에 설정하는 것일 뿐이다. 왜? 우리의 사유구조가 실체-속성의 구조로 되어있기 때문이다. 우리가 감각자료를 정리할 때, 이미 우리의 사유구조도 함께 작용한다. 우리는 세계를 그 구조에 따라 정리된 하나의 세계로, 통일적 세계로 인식하는 것이다.

그렇게 직관되고 그렇게 사유된 이 세계는 따라서 그런 사유형식을 따라 사유하고 그런 직관형식을 따라 직관하는 인간 심을 떠난 객관적인 절대적 실재가 아니라 단지 그 심에만 그렇게 보여지고 그렇게 나타나는 현상이다. 시각이 아니라 청각을 따라 공간을 구성하는 박쥐는 다른 직관형식과 다른 사유형식, 한마디로 다른 심의 통일적 구조를 가졌을지도 모른다. 따라서 박쥐의 세계는 우리의 세계와 다를 수 있다. 공기 속에서는 살지만 물 속에서는 죽고 마는 인간과 반대로 물 속에서는 살지만 공기 속에서는 죽고 마는 물고기의 세계 또한 인간의 세계와 다를 것이며, 시공의 방식으로만 무엇인가를 볼 수 있는 인간과 달리 귀신에게 있어서도 세계는 다를 것이다.[>2] 어느 누구에게 있어서의 세계가 진짜 세계(물자체)의 실상과 가장 근접한 것이겠냐고 묻는 것은 무의미하다. 그런 진짜 세계라는 것의 설정 자체가 무의미하기 때문이다.

> 2 이처럼 세계를 마음으로부터 독립적인 객관세계가 아니라고 주장한다고 해서, 세계를 인간 개인이 각자 임의대로 그려내는 것이라는 말은 아니다. 우리가 보는 세계가 하나의 동일한 세계로 나타나는 것은 그것을 보는 인간이 그만큼의 하나의 동일한 마음을 가졌기 때문이다. 일단 세계는 보편적인 하나라고 간주하면서 마음은 각자에게 있어 서로 상이한 사적이고 임의적인 마음일 뿐이라고 주장하는 것은 근거가 없다.

2. 공간 속의 시간

이 세계를 2차원의 망막 위의 상이 3차원으로 공간화하여 펼쳐진 공간적 세계로 이해할 경우, 우리가 보는 이 세계는 우리가 극장에서 보는 자막 위에 펼쳐진 영상의 세계로 비유될 수 있다. 그러나 우리가 사는 이 실제 세계는 우리가 그 표면에 머물러 있는 2차원 면이 아니라, 안으로 걸어 들어갈 수 있는 3차원 공간이 아닌가? 반면 자막 위의 영상은 2차원 면일 뿐이지, 안으로 걸어 들어갈 수 있는 공간이 없지 않는가? 결국 우리가 사는 이 세계는 영상세계와는 달리 공간을 갖춘 실재 세계가 아닌가?

그러나 영화 속에서도 이 현실에서와 똑같이 등장인물이 문을 열고 건물 안으로 들어가고 그 안에 3차원 공간이 펼쳐진다. 영화의 한 장면은 2차원 면이지만 그 안에 3차원이 그려질 수 있는 것은 어떻게 가능한가? 그것은 필름이 돌아가서이다. 영화 속에서 문 밖에 있던 오른 발이 문 안으로 걸어 들어갈 수 있는 것, 문 밖에서 문 안으로의 공간이동은 결국 문 밖에 발이 있는 필름에서 문 안에 발이 있는 필름으로의 이동, 즉 시간의 이동인 것이다.

그런데 우리의 현실세계도 그런 것이 아닐까? 순수 시각차원에서 포착되는 공간은 2차원 면이다. 그렇기에 바로 눈앞의 어떤 것이 면인가, 입체인가라는 의심이 일단 생기면, 그것을 시각으로 확인할 수는 없다. 손을 뻗어 만져보아야 안다. 내가 책상 앞 이 자리에서 문 앞의 저 자리까지 걸어 나갈 수 있는 공간을 공간으로 확인하기 위해서는 발을 뻗어 한 자리에서 다른 자리로 이동해봐야 하는 것이다. 그러나 그 과정에서 나의 의식이 실제로 확인할 수 있는 것은 시간흐름에 따른 상들의 변화일 뿐이지 그 외의 다른 어떤 것(공간)이 아니다. 시간마다 달라지는 상들을 하나로 연결시킴에서 공간이 만들어지는 것이다. 그러므로 내가 한 발을 내밀어 나아가는 것은 그 자체 공간이 아니라 사실은 시간이다. '나는 공간을 걷는 것이 아니라, 시간을 걷는 것이다.' 시간이 지나가면서, 시간이 겹쳐지면서 그 흘러간 시간 안에 3차원 공간이 만들어진다. 현실도 영화에서 그렇듯 공간은 없고 시간 흐름만 있으면서, 우리가 그 시간 흐름을 공간화하는 것일 수 있다.

그러나 공간은 분명히 있지 않는가? 시각이 아니라면 촉각으로, 손을 뻗어 만져보면 2차원 그리고 3차원 공간이 직접적으로 확인되지 않는가? 그러나 촉각은 시각보다 더 내적이고 그 자체 비공간적이다. 그럼에도 불구하고 우리가 만져지는 세계를 외적 공간적 세계라고 생각하는 것은 우리가 내적으로 느끼는 촉감을 시각에 따라서 공간적인 것으로 연장하기 때문이다. 즉 한 촉감에 이어 그 다음에 느껴지는 촉감을 보여진 것을 따라서 공간적인 것의 촉감으로 읽어내기 때문이다. 그래서 눈을 감고 만진다면 촉감만으로부터 공간적 형태를 알아내기는 힘든 것이다. 아니, 눈을 감고 만져도 촉감으로 사물의 공간적 형태를 알 수 있지 않은가? 그러나 그렇게 알 수 있는 것은 촉감 때문이 아니라 촉감과 더불어 느껴지는 손의 운동감 때문이다. 사물의 촉감 자체가 아니라 사물 표면을 따라가며 촉감을 느끼는 손의 운동감이 그 사물의 공간적 형태를 알려주는 것이다. 결국 운동 속의 시간이 공간을 만드는 것이다. 이처럼 공간형식을 따라 가능한 외적 직관에는 언제나 시간이 함께 작용한다.[>3]

3. 시간의 가상성

외적인 공간이란 없는 것이고 시간이 공간화된 것이라면, 그럼

>3 이런 의미에서 우리는 칸트가 외감의 직관형식을 단지 공간뿐인 것이 아니라, 공간과 더불어 시간이라고 말한 것을 이해할 수 있다.

시간은 무엇인가? 시간 자체는 비공간적이다. 3차원 입체도, 2차원 면도 아니다. 2차원 면, 3차원 공간은 운동의 시간이 외적으로 펼쳐져서(공간화해서) 만들어진 것이다. 면은 선이 무한히 합해서 만들어진 것이다. 그리고 선은 점이 무한히 합해서 만들어진 것이다. 한 점, 순간이 무한히 합해서 연속이 될 때, 선이 될 때, 우리는 그것을 시간이라고 한다. 그래서 우리는 시간을 끊어진 단절로 이해하지 않고 흐름으로, 연속으로 이해한다. 그 시간 안에서만 운동이 성립하는 것이다.

내가 내적으로 의식하는 나의 심리세계는 '반성적으로' 형성되는 세계이다. 책상을 바라보다가 책상을 보는 나를 보고자 하여 시선을 안으로 돌리면(반성하면), 나는 책상을 보는 나를 보게 된다. 그렇게 해서 책상을 보는 지각이라는 심리활동이 무엇인가를 알게 된다. 무언가를 원하다가 그렇게 원하는 나(의 의식)를 봄으로써 욕망이 무엇인지를, 원하는 바가 충족되어 기뻐하다가 그렇게 기뻐하는 나(의 의식)를 봄으로써, 기쁨이 무엇인지를 알게 된다. 그런 의식활동들이 나의 내면세계를 형성한다. 그 내적인 것을 보는 것을 내적 직관, 내감이라고 할 수 있다.

이 내적 직관에 있어서도 내용과 형식을 구분해볼 수 있다. 내용은 내적으로 감각되는 실질적 자료들이다. 지각, 욕구, 기쁨 등이다. 그렇다면 그런 내용들을 직관하기 위해 무슨 형식이 필요한가? 내가 나의 내면을 '반성적으로' 안다는 것, 즉 책상을 보는 지각활동이 있고 나서야 그 지각활동을 바라보는 내적 직관이 가능하다는 것, 이것은 곧 내적 직관에 있어 그 직관대상으로 포착되는 것은 바로 그 순간의 의식이 아니라 그 이전 순간의 의식이라는 것을 말해준다. 내적 직관은 내적 심리내용을 직관 대상으로 포착하는 것인데, 그렇게 포착된 대상은 더 이상 포착하는 바로 그 순간의 주체가 아니라 이미 이전 순간의 주체일 뿐이다. 한 순간 슬퍼하다가 그 슬퍼하는 나를 직관하면, 바로 그 순간 포착되는 나는 이전 순간 슬퍼하던 나이지, 바로 그 순간의 직관 주체가 아닌 것이다. 내적 직관에 있어서도 직관 주관과 직관 대상은 구분된다. 이전 순간의 주체가 바로 그 순간의 나에게 직관의 대상으로 포착되는 것이다.

그러나 직관을 직접적 인식이라고 한다면, 즉 있는 것을 보는 것이라면, 있는 것은 각각의 순간일 뿐 지나간 순간은 이미 없는 것인데, 그 이미 없는 이전 순간의 것이 어떻게 내게 직관될 수 있는 것인가? 그것은 내가 이전 순간의 나의 의식을 놓치지 않고 아직 간직하고 있기 때문이다. 이처럼 한 순간을 사라지지 않게 간직함으로써, 그래서 그 다음 순간과 연결지음으로써 내적 직관이 가능해지는 것이다. 그렇게 한 순간을 놓치지 않고 그 다음 순간과 이어놓음으로써, 순간이 이어짐으로써, 즉 점이 선이 됨으로써, 순간이 시간이 된다. 시간은 그렇게 만들어지는 것이다. 시간은 이전 순간과 다음 순간을 연결하는 나의 의식 활동의 산물인 것이다. 나의 의식이 순간을 연결하여 시간을 형성한다. 의식의 시간화활동을 통해 비로소 시간이 형성된다.>4 그리고 바로 이 시간을 따라 나의 내면세계가 내적으로 직관되는 것이다. 그러므로 시간은 내면세계를 직관하는 형식이다. 이런 의미에서 칸트는 시간을 내적 직관형식이라고 말한다.

그러나 그 자체 시간적이지 않은 순간이 모여 어떻게 해서 시간 흐름을 형성할 수 있는가? 그 자체 길이를 가지지 않은 점이 모여 어떻게 선이 될 수 있는가? 수학에서는 이 역설을 풀기 위해 '무한'을 도입한다. 즉 선은 몇 개의 점이 모여 되는 것이 아니라, 점이 무한히 모여 선이 되는 것이다. 그러나 아무리 무한히 모인다고

>4 이런 의미로 아우구스티누스는 시간을 예상과 기억이라는 영혼의 활동으로 설명하였다. 후설이 시간성을 미래에의 예지와 과거에의 파지라는 의식의 지향성을 통해 설명하는 것도 마찬가지이다.

해도, 길이가 없는 점(순간)이 모여 길이가 있는 선(시간/일차원 공간)이 된다는 것, 넓이를 가지지 않는 선이 모여 넓이를 가진 면(2차원 공간)이 된다는 것, 부피를 가지지 않는 면이 모여 부피를 가진 공간(3차원 공간)이 된다는 것은 그래도 역설이다.

점이 아무리 모여도 선이 되지는 않지 않을까? 순간이 아무리 모여도 시간이 되지는 않지 않을까? 시간이 아무리 확장되고 연장되어도 공간이 되지는 않지 않을까? 그렇다! 되지 않는다. 그러므로 그렇게 만들어진 선은 '가상'이다. 그렇게 시간도 공간도 가상인 것이다. 있는 것은 점이고 순간뿐이다. 그것으로부터 만들어진 선, 시간과 공간은 가상이며, 따라서 시공의 세계도 가상이다. 그래서 불교에서는 우리가 경험하는 이 세계를 '가(假)'라고 하고, 칸트는 이를 '현상'이라고 말한다. 이런 의미에서 현대 과학철학은 이 세계를 허공에 떠있는 '홀로그램'에 비유한다.>5

>5 마이클 탤보트는《홀로그램 우주》(이균형 역, 정신세계사, 2002)에서 우리의 현상세계를 홀로그램 우주로 설명한다. 홀로그램 모델의 결론은 "현실은 마야(maya), 곧 환영이며 외부에 있는 세계는 사실은 공명하는 파동형체들의 거대한 교향곡"(55면)이라는 것이다. "우리의 뇌는 궁극적으로는 다른 차원, 즉 시간과 공간을 초월한 심층적 존재차원으로부터 투영된 그림자인 파동의 주파수를 수학적인 방법으로 해석함으로써 객관적 현실을 지어낸다"(86면)는 것이다. 이는 이 글에서 논한 현상세계의 가상성과 다르지 않다.

4. 순간의 실재성

선과 면, 시간과 공간은 의식의 활동으로부터 발생하는 가상이다. 바로 그 가상의 형식을 따라 시공간적 현상세계가 바로 이러한 모습으로 형성되는 것이다. 의식활동을 통해 만들어진 세계를 우리는 상상의 세계라고 부른다. 이 현상세계는 상상의 세계인 것이다. 다만 개인적이고 임의적인 상상이 아니라, 인간 모두가 함께하는 상상, 그래서 같은 결과, 같은 하나의 세계에 이르게 되는 그런 상상인 것이다. 상상과 가상이란 의미에서 꿈이라고 한다면, 이 꿈은 각자가 밤에 꾸고 아침이면 깨어나는 그런 꿈이 아니라, 의식이 밤낮 없이 시공간적으로 연장되어 있는 한 깨어나지 못하는 깊은 꿈, 모두가 함께 꾸는 공동의 꿈인 것이다.

그렇다면 가상이 아닌 실재는 어디에 있는가? 꿈이 아닌 깸은 어느 순간에 성취되는가? 시공간적 세계가 아니라면, 공간화 시간화되기 이전의 실재, 그 실재는 어디에 있는가? 선으로 이어지기 전의 점, 시간화되기 전의 순간, 그것을 우리가 어떻게 포착할 수 있는가? 그 순간은 시간 공간적으로 주어지지 않고, 대상적으로 인식될 수도 없다. 그것은 현상화되지 않고 표상화되지 않은 것이다. 그런데도 그것은 있는 것인가?

그것은 존재한다. 표상화되고 대상화된 현상세계를 그려내는 주체로서 존재한다. 그것은 스스로 시간화하고 공간화하는 의식 활동의 주체 이외의 다른 것이 아니다. 점을 연결하여 선을, 순간을 연결하여 시간을 만드는 주체이다. 그리고 그 시간 형식을 따라 형성된 내적 현상세계를 직관하는 주체이며, 다시 그 시간을 외화하여 공간을 만들고 그 공간형식을 따라 형성된 외적 현상세계를 직관하는 주체이다. 이 주체 자체는 자신의 활동산물인 시간공간과도 구분되고 그 시공간 형식을 따라 형성된 시공간적 현상세계와도 구분되는 존재이다. 그것은 시공간의 현상세계를 산출하지만, 그 자체는 시공간성을 넘어선 순간의 존재이다. 그러므로 그 주체는 시공간적 현상세계의 일부로서의 현상적 나와는 구분되는 나이다. 현상적 나를 포함한 시공간적 세계가 그 주체가 그린 세계라면, 그렇게 그려진 세계를 보는 내가 그 주체이기 때문이다.[>6]

칸트는 이 주체를 '초월적 자아', '의식 일반', '순수 의식'이라고 부른다. 그것은 시간적 존재도 공간적 존재도 아닌 '순간의 존재'이며, 그 순간의 활동성이 시간계열을 넘어섰다는 의미에서 '영원의 존재'이다. 그것은 직관 내용으로 주어지지 않기에 '익명의 주체'이며, 시간을 넘어서서 순간에만 작용하고 순간에만 포착될 수 있는 영원한 현재 순간의 주체, 영혼의 핵이며 영혼의 불꽃이다.

이렇게 보면 시공간적 현상세계는 주체가 만든 가상이지만, 그 가상세계를 만드는 주체 자체는 시공간성을 넘어선 순간의 존재이며 영원의 존재이다. 그만큼 가상을 넘어선 실재이다. 그런가? 정말 그런가? 시공간적으로 연장된 현상세계가 가상이라면, 가상을 그리는 주체 또한 가상 아닐까? 꿈이 거짓이라면, 꿈꾸는 의식 또

> 6 이런 의미에서 서로 상이한 개체적 자아 내지 사적 마음은 현상계에 등장하는 경험적 자아이며 내적으로 직관된 직관대상으로서의 자아일 뿐이다. 반면 현상세계 자체를 구성하는 자아는 현상화되고 객관화되기 이전의 순수 활동성으로서의 자아이다. 우리가 직접 지각하는 이 현상세계가 마음으로부터 독립적인 세계가 아니라고 할 때, 그 마음은 전자의 사적 마음을 뜻하는 것이 아니라, 후자의 보편적인 하나의 마음, 일심을 의미한다.

한 거짓 아닌가? 우리는 어디에서 순간의 실재성을, 주체의 실재성을 확보할 수 있는가?

이 지점은 더 이상 나아갈 길이 없는 막다른 길처럼 보인다. 그래서 칸트는 초월적 자아에 대한 직관, 지적 직관은 존재하지 않는다고 주장한다. 그러나 정말 그 이상의 길이 없을까? 진정으로 주체를 직면하는 길은 그 막다른 길에서 다시 한 발을 내딛는 것일 것이다. 시공간의 세계를 벗어나는 길, 꿈을 깨는 길, 그것은 '백척간두진일보' 이다. 그러나 우리의 현실인 이 가상의 꿈을 깬다는 것은 무엇을 의미하는가? 이 세계가 주체가 그린 세계이고, 주체는 세계를 그려내고 그 세계를 보는 눈이라면, 주체를 직면한다는 것은 눈이 다시 제 눈을 본다는 것을 의미한다. 세계를 보는 눈이 어찌 눈 자신을 볼 수 있겠는가? 그러나 본다! 눈은 세계만 보는 것이 아니라, 세계 속에서 자신을 본다!

세계가 자막 위에 펼쳐지는 영상세계라면, 그 세계를 형성하는 것은 자막 위의 색일 뿐이다. 우리가 보는 이 현상세계 또한 색의 세계이다. 그 색의 얼룩들이 시공간화되고 형태화되어 시공간의 현상세계가 형성되는 것이다. 그렇다면 색이란 무엇인가? 색은 분산된 빛의 반사이다. 자막에 부딪쳐 빛이 분산되면서 대개는 흡수

되고 나머지는 반사되는데, 그러게 반사된 빛이 색이다. 빛이 분산되고 반사되어 온갖 색이 나오며 그 색들을 다 더하면 검은색이지만, 분산되기 이전의 빛 또는 분산된 빛을 다 더한 빛은 흰빛, 투명한 빛이다. 분산되기 이전의 빛은 투명하여 색이 없지만, 그것이 분산되고 반사될 때 빛은 색으로 바뀐다. 우리가 보는 세계의 색은 분산되고 반사된 빛일 뿐이다. 분산되고 반사된다는 것은 분열과 분별, 파열과 찢어짐이다. 그래서 괴테는 "색은 빛의 행위이고 고통이다"라고 말한다.

그렇다면 빛은 무엇인가? 빛은 누구의 빛인가? 색은 빛이 발산되어 드러난 결과물, 빛의 산물이다. 그러므로 빛의 발산이 있는 곳에만 색이 있고, 색을 보는 자에게만 빛이 있다. 빛이 반사되어 색으로 돌아온다면, 그 돌아온 색을 보는 바로 그 자리에서 빛이 발산된 것이다. 빛은 색을 보는 눈에 있는 것이다. 색을 보는 눈, 색을 의식하는 정신, 바로 거기에 빛이 있다. 그러므로 진정한 빛은 오직 눈빛으로만 존재한다.

색이 빛의 행위이고 고통이라는 것은 곧 세계가 정신의 행위이고 고통이라는 말이다. 세계의 색을 볼 때 우리의 정신은 분산되고 분열되고 찢어진다. 그래서 세계는 고통이다. 그런데 우리는 빛이 정신의 빛이고 눈이 그 빛의 발산이라는 사실을 왜 알지 못할까? 눈빛 이외의 모든 빛이 다 비유이고, 태양빛이 단지 우리가 보는 색에 지나지 않는다는 것을 왜 알지 못할까?

그것은 우리가 반사된 빛, 색만을 의식하기 때문이다. 자신 안의 광원을 의식하지 못하고, 그 빛의 방향대로 우리의 의식이 세계로 향해 있어, 반사되어 돌아오는 빛만을 세계의 색으로 의식하기 때문이다. 그리고 자기 자신마저 세계 안에 던져진 채색된 색으로 이해한다. 색으로 드러나기 이전의 빛, 그 빛은 알지 못한다. 눈이 부셔 차마 태양을 바라보지 못한 듯, 눈부신 광원으로 시선을 돌리지 못한다. 그래서 그 빛이 반사된 색의 세계, 빛의 그림자를 실재로 알며 살아간다.

그러나 '모든 색은 거짓이다'. 세계의 현란한 색은 무색 빛의 그림자일 뿐이다. 현상세계에서의 사물의 그림자, 그 색 바랜 무채색의 그림자는 세계의 실상, 세계 자체가 본래 그림자라는 것을 보여주기 위한 기호이다. 빛이 외화되어 드러난 색, 그 빛의 고통이 낳은 그림자일 뿐이다. 모든 색이 거짓이라는 것은 이 시공간의 물리세계가 가상이고 환상이라는 것을 의미한다. 이 세계는 시간적이지도 공간적이지도 않은 순간의 마음이 그려놓은 세계이며, 그 세계를 채색하는 모든 색은 그 세계를 바라보는 눈에서 발산된 빛의 반사일 뿐이다.

그러므로 우리가 세계의 색을 본다는 것은 곧 빛(반사된 빛)을 본다는 것이며, 결국은 자기 자신을 본다는 것이다. 우리의 의식이 현상세계 사물을 직접 지각할 수 있는 것은 우리의 마음이 이미 세계로 나가 있기 때문이고, 이는 곧 그렇게 지각된 세계가 마음 안에 펼쳐진 세계이기 때문이다.[>7] 세계는 마음의 외화이다. 그래서 우리는 세계를 보면서 마음을 본다! 색을 보는 것이 곧 빛을 보는 것이기 때문이다. 다만 그 그림자를 보는 것이다. 즉 우리가 보는 것은 모두 우리 자신에 의해 시공간적 현상으로, 의식의 대상으로 객관화된 것이다. 그렇다면 우리는 결국 자신을 보되 그림자만 본단 말인가? 우리는 색 아닌 빛 자체는 보지 못하는가?

현상세계 안에서 내가 보는 모든 것이 정말 다 나 자신에 의해 객관화된 것인가? 객관화되기 이전의 것, 나 자신에 의해 도저히

>7 이 점에서 외재주의자 또는 실재론자가 "우리가 지각하는 것은 외적 세계 그 자체이다"라고 주장하는 것도 맞는 말이고, 표상주의자 또는 관념론자가 "우리가 지각하는 것은 우리 자신이 그린 표상일 뿐이다"라고 주장하는 것도 맞는 말이다. 그 둘은 결국 같은 말이다. 왜냐하면 우리가 보는 외적 세계 자체가 우리가 그린 표상이기 때문이다. 그 두 주장이 다 맞는 말이지만, 그 둘이 함께 전제한 것, 즉 표상과 세계 자체의 구분이 문제인 것이다.

대상화될 수 없는 것, 반사된 색이 아닌 것, 색이 없는 것, 그런 것을 이 시공간 현상세계 속에서 만나는 일은 없는가?

있다! 도저히 시공간 좌표 안에 위치시킬 수 없는 것, 도저히 나의 시선의 대상으로 고정화하고 객관화시킬 수 없는 것, 도저히 그 색을 말할 수 없는 것, 그렇지만 분명히 눈앞에 드러나는 그런 것이 있다. 그것은 바로 내 시선에 마주치는 또 다른 눈빛이다. 생명체의 눈빛, 그것이 여자든 남자든, 그것이 인간이든 동물이든, 생명체의 모든 눈빛은 일체의 대상화와 현상화를 넘어서 있다. 마주치는 모든 것을 대상화하며 바라보던 의식이 그 활동을 멈추게 되는 순간은 그 눈빛이 다른 눈빛과 마주칠 경우 뿐이다. 그 순간은 대상화, 즉 시공간화가 멎는 순간이다. 그래서 우리는 그 순간에 시간이 멈추고 공간이 사라진다고 말한다. 눈빛(Augen-blick) 속에서 우리는 순간(Augenblick)의 의미와 그 실재성을 알게 된다. 그 순간 시공이 사라진다는 것은 자타의 분별이 멎는다는 것이다. 에크하르트의 말대로 "신이 나를 바라보는 시선과 내가 신을 바라보는 시선이 하나"이기 때문이다.

5. 나가는 말

그러나 우리가 어떻게 그 눈빛, 그 순간에만 머물러 있을 수 있겠는가? 우리가 어떻게 색 너머 빛만을 직시하며 살 수 있겠는가? 진정으로 자신 안의 광원을 발견하자면, 모든 시공간의 현상성, 모든 색을 떠나야 할 것이다. 순수한 빛에 이르자면, 모든 색을 합한 검은 색, 그 칠흑의 어둠을 통과해야 할 것이다. 프로이트는 "죽음은 표상이 없다"고 했다. 시공간을 넘어선 자아, 한 순간 눈빛 속에서만 그 정체를 드러내는 자아, 그 자아는 죽음처럼 표상이 없다. 사랑은 삶이 아니라 죽음과 맞닿아 있다. 눈빛이 스치고 지나가면, 표상이 사라진 뒤 남겨지는 공허가 드러나기 때문이다.

그러므로 아무도 그 순간의 눈빛 속에 오래 머물러 있지 못한다. 죽음처럼 표상이 없는 그 순간을 우리는 오래 견뎌내지 못한다. 우리가 안전하게 머무르기 위해, 편안하게 정착하기 위해 찾아가는 곳은 순간의 눈빛이 아니라 그 눈빛이 바라본 자신의 그림자, 색의 세계, 시공간의 외적 세계이다. 우리의 개별화된 몸이 둥지를 튼 세계, 그 가상의 세계이다. 그리고서 우리는 그 색과 그림자의 세계, 시공간의 외적 세계, 그 물리 세계를 궁극적 실재라고 간주하며, 시공간 너머의 순간, 색 이전의 빛을 오히려 이차적 추상물로 간주해 버리는 것이다. 그래서 일체를 물리적 인과법칙에 따라 설명하려고 한다. 그러나 이것은 결국 보여진 색과 그림자(물질)로써 보는 눈(정신)을 설명하려는 시도, 주객이 전도되고 본말이 전도된 시도일 뿐이다. 그렇게 실재와 가상이 전도된 세계가 바로 오늘날의 우리 세계가 아닌가? 형이상학이 사라지고 물리학이 기준이 된 세계, 정신이 제 힘을 잃고 물질이 궁극적 실재로 간주되는 세계, 그것이 오늘날 우리들이 사는 세계, 물리주의자들의 세계가 아닌가?

바닷가에 서서

아이야,

바닷가에 서서 파도소리를 들어봐.

갈매기 노랫소리에 맞춰 춤추는 파도

사연의 아름다운 선율 부드러운 영혼의 노래

저 멀리 시선을 보내 바다 표면의 신비한 색채를 바라봐.

햇빛을 받아 은빛으로 반짝이는 눈부신 광채

푸른빛 초록빛 에메랄드빛 물결 따라 변화하는 마력의 빛깔

되풀이되되 결코 단조롭지 않게 끝없이 물결치는

저 파도의 운동을 느껴봐.

살아 움직이는 영원한 생성의 바다

자연의 숨결 그 안에 고동치는 우주의 맥박

지금 바다는 생명에 넘쳐 삶을 노래하고 있는 것 같지 않니?

바다의 삶의 찬미가 기쁨과 환희의 외침으로 들리지 않니?

그런데 저 밀려오는 파도 위의 물방울 하나가

지금 이 순간 의식을 가진다면,

그는 무엇을 생각할까?

자기 자신을 어떻게 의식하며, 파도 위 흔들림 속에서 무엇을 느낄까?

자기에게 밀어닥치는 다른 것들에 대해 대립과 갈등을 느끼겠지?

밀려오는 순간, 밀려가는 것에 대해 저항을 느끼겠지?

결국은 밀려가야 함에 대해 실망하고 좌절하며,

다시 밀려와야 함에 대해 무력과 권태를 느끼겠지?

표층에 떠다니는 자신을 보며

자신을 싣고 움직이는 거대한 심층 바다 깊이에

한없는 초라함과 무력감을 느끼겠지?

멈춰서 생각하고 싶은데,

끊임없이 불어닥치는 바람 앞에 분노와 반발도 생기겠지?
자신의 색깔이 햇빛 따라 바뀌고
자신의 온도가 밤낮으로 변화함에 미칠 것 같을 거야.
바다 위에 홀로 떠있음이 외로워서 아마 죽고 싶을 거야.

그 괴로워하는 물방울에게 너는 뭐라고 말해줄래?
물방울이 자신의 아름다움을 모른다는 것을 어떻게 알려줄래?
그 깊은 바다가 바로 자기와 똑같은 물방울들의 모임이라는 것
심층 바다의 신비가 바로 물방울 그 자신의 신비라는 것
밀어닥치는 바람이 바다 자신이 일으킨 공기의 운동이라는 것
파도의 선율과 색채의 변화가 바다 자신의 아름다운 작품이라는 것
그 모든 것이 물방울 그 자신에 담긴
생명의 신비이고 약동이며 생의 표출이고 찬미라는 것
그것을 어떻게 알게 해줄래?

네가 물방울에게 진심어린 마음으로 이야기하면,
물방울은 너의 말을 알아들을 거야.
그리고는 네게 묻겠지.

- 내 안에 바다의 아름다움과 신비가 다 갖추어져 있다면,
그럼 이 괴로운 의식은 왜 생겨난 거야?
차라리 의식 없이 잠들어 있던 자연상태가 더 행복했을 거야.
의식 없던 과거 무기물상태로 나를 되돌려 줘.
나는 깊은 잠, 죽음에 이르고 싶어. -

아이야,
그러면 이제 네가 슬퍼지겠지?
의식 없이 깊이 잠든 물방울과는 대화할 수 없을 테니까
의식 없이 죽어버린 물방울과는 사랑할 수 없을 테니까

괴로워 죽고 싶은 물방울에게 그래도 의식으로
깨어있어야 한다는 것을 너는 어떻게 말해줄래?
네가 알려준 바다의 아름다움이 깨어있는 의식에게만
　아름다운 것임을 너는 어떻게 알려줄래?
　　　물방울이 의식이 없고 바다가 의식이 없고 아이 너도 의식이 없다면,
　　　　파도 소리가 들리지 않고
　　　　　바다의 은빛 반짝임이 보이지 않고

바다 생명의 약동이 느껴지지 않는다면,

그 죽은 바다는 이 아름다운 바다가 아니라는 것

아름다운 바다는 깨어있는 의식에게만

아름다운 바다라는 것

아름다운 바다는 아름다운 의식의 바다라는 것

그것을 어떻게 알게 해줄래?

물방울이 의식이 있기 전

물방울은 그냥 하나의 물방울이었지만,

그 물방울 안에 의식이 깨어남으로써 비로소

그 의식 안에 바다가 드리워지고

그래서 물방울이 곧 바다라는 것

그것을 물방울에게 어떻게 알게 해줄래?

네가 다시 간절한 눈빛으로 이야기하면,

물방울은 너의 진심을 이해할거야.

너의 깨어있는 의식을 느끼면서

물방울은 네가 무얼 뜻하는지 알 수 있을 거야.

그리고는 네게 다시 묻겠지.

- 도대체 너는 누구야?

네가 어떻게 나를 알아?

너의 의식에서 피어나는 바다 전체의 아름다움이

이 너른 바다 위에 홀로 떠있는 나의 고독과 무슨 상관이야? -

아이야,

그러면 너는 다시 마음이 아프겠지?

물방울이 고독해할 때

바다 전체가 고독해지고 네가 고독해진다는 것

물방울이 행복해할 때

바다 전체가 행복해지고 네가 행복해진다는 것

그걸 모르고 물방울이 네게서 돌아서 있음에

너는 마음이 많이 아프겠지?

바다의 아름다움이 깨어있는 의식 안에 피어날 때,

그 의식은 이미 너만의 의식이 아니라는 것

그것은 이미 바다의 의식이고 물방울 자신의 의식이라는 것

그것을 돌아선 물방울에게 어떻게 말해줄래?

너의 의식이 너의 생각보다 더 깊은 심층에서
바다를 보고 바다를 듣고 바다를 느끼면서
이미 바다와 하나라는 것
그리고 물방울과 하나라는 것
그것을 어떻게 알게 해줄래?
깨어있는 바다의 의식에서
너와 바다와 물방울이 이미 하나라는 것
그것을 어떻게 알게 해줄래?

네가 사랑의 눈빛으로 물방울을 끌어당겨
너희의 시선이 하나가 되면
물방울도 그렇게 느낄 거야.
너희가 하나임을 알게 될 거야.
그리고는 네게 다시 묻겠지.
– 우리가 하나라면
그럼 우리는 왜 떨어져 있는 거야?
네가 원하는 것이 뭐야?
내가 뭘 하기를 바라는 거야? –

아이야,

네가 원하는 것이 뭐니?

물방울이 자신의 아름다움을 알게 되기를 바라니?

물방울의 의식이 바다의 의식으로 확장되고

그래서 너의 의식과 같아지기를

그래서 너와 하나임을 깨닫기를 바라니?

바다를 바라보며 느끼던 너의 의식의 환희가

물방울의 의식 속에서 다시 한번 더 반복되기를 원하니?

그 환희 속에서 너희가 하나임을 확인하고 싶은 거니?

아이야,

네가 바라는 것이

물방울이 자기 자신을 바다와 하나이고 너와 하나라고 깨닫는 것이라면,

신이 바라는 것은

네가 너 자신을 우주와 하나이고 신과 하나라고 깨닫는 것이 아닐까?

네가 원하는 것이

물방울이 자신 안에서 바다와 너를 발견하여

그 하나됨의 환희에 젖는 것이라면,

신이 원하는 것은
네가 너 안에서 우주와 신을 발견하여
그 하나됨의 환희에 젖는 것이 아닐까?

물방울의 의식이 바다의 의식이고 너의 의식이듯이
너의 의식이 우주의 의식이고 신의 의식이라는 것
그것을 깨닫게 하기 위해
신의 의식이 우주의 의식을 일깨우고
우주의 의식이 너의 의식을 일깨운 것일까?

그래서 너를 이 막막한 바다 위에
망울졌다 터져 버릴 한 점 물방울로
생겨났다 사라져 버릴 한 점 의식으로
떠다니게 한 것일까?

후기

아직도 나는 책을 낼 때면, 왜 이런 별 볼일 없는 책을 세상에 내놓는지에 대한 변명을 해야만 할 것 같은 그런 강박관념을 가지고 있는가 보다. 늘 그런 변명이 후기를 쓰게 한다. 게다가 얼마 전에 누군가로부터 들었는데, 세상에는 술에 취하면 입고 있는 옷을 모조리 벗어버리려 하는 사람도 있다는 것이다. 글을 쓰는 것, 자신을 표현하려고 하는 것, 자신의 생각과 느낌을 속속들이 드러내고 싶어하는 것, 어딘가 그 술주정과 통하는 듯싶었다. 취중이 아닌 맨 정신으로 몸이 아닌 맘을 드러내려는 차이가 있을 뿐. 취중 행각은 술 깨면 기억나지 않겠지만, 써놓은 글, 출판된 책은 눈앞에 남아있을텐데 부끄럽지도 않은가?

그런데도 글을 쓰는 이유가 뭘까? 남에게 나를 알리고자 함이 무엇 때문일까? 남이 나를 알고 또 내가 남을 안다는 것이 우리 인생에서 의미하는 바가 무엇일까? 예전에는 사람이 다른 사람을 안다는 것 또는 모른다는 것이 내겐 전혀 문젯거리가 되지 않았다. 내가 나를 모른다는 사실, 그 사실 하나만으로도 충분히 절망스러웠기 때문이다. 그렇게 해서 나는 많은 세월을 길고 긴 어둠의 터널을 통과한 것 같다. 어느 날인가부터 내가 쓰는 글들은 그 때 그 터널 속에서 숨이 막히도록 들이마신 어둠을 토해내는 것인지도 모른다. 아니, 나는 아직도 터널 속에 있으면서 어둠을 마시고 토하고 다시 그것을 마시며 사는 것은 아닐까? 이미 터널에 익숙해진 채 그 어둠을 호흡하며 살고 있는 것은 아닐까?

이러니 결국 이 후기 또한 의미 없는 사족일 뿐이리라. 글은 빛이 아니고 색이며, 터널 또한 빛이 새어 들어오지 않는 암흑일 뿐이다. 그러니 터널에서 마신 어둠이 낳을 수 있는 것 또한 색일 수밖에, 글일 수밖에 없는 것일까? 글도, 색도 모두 다 사랑하고 싶다는 이 글의 결론, 그건 내가 아직도 색의 세계에 살고 있기 때문일까?

여기 내가 고른 21자의 글자들은 들을 때마다 내 가슴을 뛰게 하는 글자들이다. 과거 어느 때인가는 수없이 고(苦)자를 되뇌인 적도 있고, 또 어느 때인가는 혹(惑)자를 되뇌인 적도 있다. 물론 고(苦) 대신 락(樂)을 생각하거나, 명(明) 대신 무명(無明)을 생각한 적도 많았고, 또 자(慈) 대신 인(仁)에 이끌리거나 심(心) 대신 신(神)에 심취한 적도 있었다. 그런 글자들도 내 심장을 뛰게 하는 글자이고 개념이며 살아있는 정신들이다. 그렇게 많은 글자들이 나를 깨어있게 한다. 그렇다면 글자에 대한 보답일까?

글자들을 따라 내가 무엇을 느끼고 무엇을 생각하는지, 무엇을 원하고 무엇을 그리워하는지, 그런 것들을 그냥 말해보고 싶어하는 것, 그것은 글자에 대한 보답일까? 그 글자를 알게 해준 사람에 대한 보답일까? 그냥 혼자 해보는 독백인가?

지 은 이 소 개

지은이 한자경은 이화여자대학교 철학과를 거쳐 동 대학원을 졸업했다.

독일 프라이부르크 대학에서 서양철학(칸트)을 공부하고,

동국대학교 불교학과에서 불교철학(유식)을 공부하였다.

현재 이화여대 철학과 교수로 재직 중이다.

저서로는《칸트와 초월철학》,《자아의 탐색》,《자아의 연구》

《유식무경》,《동서양의 인간이해》,《일심의 철학》,

《불교철학의 전개》,《칸트 철학에의 초대》,《불교의 무아론》이 있다.

2006.10.

기억은 깊어만 간다 인생은 바람 춤추는 미풍으로 꽃잎 날리고 성난 광풍으로 천지 흔들며 바람 속 그 어디에 내가 있었던가? 상흔으로 남겨진 돌비석 하나 무한한 시나는 허공을 부유하는 한 점, 먼지 한 점으로 머무름이 작고 초라해 뭉치고 뭉쳐도 여전히 먼지 갈 곳을 잃고 바람에 날리며 허공 속 방랑하는 먼지 덩어리 몰아치던 바람 멎고 날리던 먼지 흩어져 드러난 텅 빈 허공에 죽음처럼 드리운 정적 그 고요가 그리움 되어 말없이 산으로 간다 정지된 시간을 찾아

기억은 깊어만 간다 인생 먼지 갈 곳을 잃고 바람에 날리며 허공 속 방랑하는 먼지 덩어리 몰아치던 바람 멎고 날리던 먼지 흩어져 드러난 텅빈 허공